Das Buch

Seit nunmehr elf Jahren streift Bastian Sick durch den Irrgarten der deutschen Sprache und präsentiert humorvoll, ironisch und pointiert die unglaublichsten Zeugnisse orthografischer Verlegenheit und grammatischer Verwegenheit. Mit seinen Kolumnen, Büchern, Quizspielen und Bühnenshows hat er einen regelrechten Kult um die deutsche Sprache ausgelöst und Millionen Menschen begeistert. Jedes seiner Bücher war ein Bestseller, und auch der neueste Band aus der »Happy Aua«-Reihe ist randvoll gespickt mit sprachlichen Delikatessen vom Feinsten. Ob beim »Christkindl-Anschießen«, beim »Rentnerschlachtfest« oder im »Verunstaltungsraum« – Bastian Sick sorgt dafür, dass Sie sich wie zu Hause füllen. Notfalls ruft er für Sie den »Bomben-Lieferservice« und schaltet die »Schweinwerfer« an. Ein Buch voller Glanzlichter, eine regelrechte »Lichterkette mit Ersatzhirnen«.

Der Autor

Bastian Sick, geboren in Lübeck, studierte Geschichtswissenschaft und Romanistik. Während seines Studiums arbeitete er als Korrektor für den Hamburger »Carlsen«-Verlag. 1995 wurde er Dokumentationsjournalist beim SPIEGEL, 1999 wechselte er in die Redaktion von SPIEGEL ONLINE. Dort schrieb er ab 2003 die Sprachkolumne »Zwiebelfisch«. Aus diesen heiteren Geschichten über die deutsche Sprache wurde die Buchreihe »Der Dativ ist dem Genitiv sein Tod«. Es folgten zahlreiche Fernsehauftritte und eine Lesereise, die in der »größten Deutschstunde der Welt« gipfelte, zu der 15.000 Menschen in die Köln-Arena strömten. Seitdem war Bastian Sick mehrmals mit Bühnenprogrammen auf Tournee, in denen er eine neuartige Mischung aus Lesung, Kabarett und Quizshow präsentierte. In zehn Jahren schrieb er zehn Bücher. Zuletzt erschien von ihm »Wir braten Sie gern!«. Bastian Sick lebt und arbeitet in Hamburg und in Niendorf an der Ostsee.

KiWi

1410

Weitere Titel bei Kiepenheuer & Witsch

»Der Dativ ist dem Genitiv sein Tod. Ein Wegweiser durch den Irrgarten der deutschen Sprache«, KiWi 863, 2004 (liegt auch als gebundene Schmuckausgabe vor). »Der Dativ ist dem Genitiv sein Tod – Folge 2. Neues aus dem Irrgarten der deutschen Sprache«, KiWi 900, 2005. »Der Dativ ist dem Genitiv sein Tod – Folge 3. Noch mehr Neues aus dem Irrgarten der deutschen Sprache«, KiWi 958, 2006. »Happy Aua. Ein Bilderbuch aus dem Irrgarten der deutschen Sprache«, KiWi 996, 2007. »Zu wahr, um schön zu sein. Verdrehte Sprichwörter – 16 Postkarten«, KiWi 1050, 2008. »Happy Aua 2. Ein Bilderbuch aus dem Irrgarten der deutschen Sprache«, KiWi 1065, 2008. »Der Dativ ist dem Genitiv sein Tod – Folge 1–3 in einem Band. Ein Wegweiser durch den Irrgarten der deutschen Sprache«, KiWi 1072, 2008. »Der Dativ ist dem Genitiv sein Tod – Folge 4. Das Allerneueste aus dem Irrgarten der deutschen Sprache«, KiWi 1134, 2009. »Hier ist Spaß gratiniert. Ein Bilderbuch aus dem Irrgarten der deutschen Sprache«, KiWi 1163, 2010. »Wir sind Urlaub – Das Happy-Aua-Postkartenbuch«, KiWi 1190, 2010. »Wie gut ist Ihr Deutsch? Der große Test«, KiWi 1233, 2011. »Der Dativ ist dem Genitiv sein Tod – Folge 5«, KiWi 1312, 2013. »Wir braten Sie gern!«, KiWi 1346, 2013.

Bastian Sick

Füllen Sie sich wie zu Hause

Ein Bilderbuch aus dem Irrgarten
der deutschen Sprache

Kiepenheuer & Witsch

Verlag Kiepenheuer & Witsch, FSC®-N001512

3. Auflage 2014 (35.001– 50.000 Exemplare)

Umschlaggestaltung: Barbara Thoben, Köln
Umschlagmotiv: © plainpicture/Schiesswohl
Autorenfoto: Till Gläser
Gesetzt aus der Frutiger
Satz: Felder KölnBerlin
Druck und Bindearbeiten: CPI books GmbH, Leck
ISBN 978-3-462-04700-4

Inhalt

Warnhinweise

Die Lektüre dieses Buches ist mit nicht unerheblichen Risiken verbunden. Es kann passieren, dass Ihr Glaube an die allgemeine orthografische und grammatische Kompetenz nachhaltig erschüttert wird.

Trotz intensiver Bemühungen seitens des Autors, durch beschönigende Kommentare von der dargestellten Wirklichkeit abzulenken, ist die Gefahr einer ästhetischen Gefühlsverletzung permanent gegeben. Autor und Verlag übernehmen hierfür keine Haftung. Die Lektüre dieses Buches geschieht auf Ihre eigene Verantwortung.

Es ist damit zu rechnen, dass Sie angesichts des hier Gezeigten und Beschriebenen deutsches Spezialistentum neu bewerten werden.

Ferner ist nicht auszuschließen, dass Sie an Ihrer Wahrnehmung zu zweifeln beginnen. Eventuelle Folgen können akute Fehlerwarnvorstellungen und Verwortwechslungen sein – bis hin zum Totalausfall Ihres inneren Korretkurpogarms.

Sie sollten die Lektüre dieses Buches daher nach Möglichkeit in leicht verdauliche Portionen einteilen. Nehmen Sie diese mit reichlich Flüssigkeit zu sich. Bei plötzlich auftretendem Schwindelgefühl oder anderen Zweifelsfällen konsultieren Sie Ihren Wahrig, Pons oder Duden.

Nach Beendigung der Lektüre sollten Sie sich durch leichte körperliche Betätigung entspannen. Auf keinen Fall sollten Sie versuchen, in unmittelbarem Anschluss einen Brief, eine E-Mail oder ein Bewerbungsschreiben aufzusetzen. Je nach persönlicher Kondition kann es zwischen einer Stunde und mehreren Tagen dauern, bis sich Ihr Nervensystem von der verabreichten Fehlerdosis erholt hat.

Zusätzliche Informationen und Ratschläge finden Sie im Internet unter **www.bastiansick.de**.

Landleben

Nirgends ist der Himmel höher, die Luft reiner, der nächste Supermarkt weiter und das kulturelle Angebot übersichtlicher als auf dem Land. Und nirgends gibt es so viel Freiheit – wenn man berücksichtigt, was alles als »frei laufend« deklariert wird: Hühner, Kühe, Bauern, Pilze, Blumen und Eier. Doch das Landleben birgt auch Risiken: Männer werden mitunter unfruchtbar und Frauen kriegen Läuse. Bäuerinnen werden am Ende eingekocht und Rentner geschlachtet. Ansonsten verläuft das Landleben nach festen Regeln, die man sich gut merken kann. Zum Beispiel: Steh nicht auf der Weide rum, sonst rennt dich das Vieh noch um!

Und da wird immer behauptet, auf dem Land sei der Genitiv längst ausgestorben. Aber es ist nicht »dem Koarl sei Viech«, das hier frei herumläuft.

Schrattenbach (Österreich)

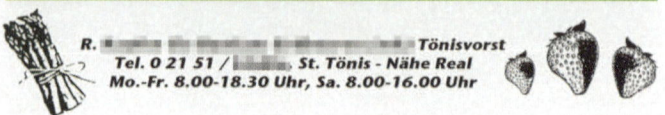
Tierschützer haben diesen Bauernhof schon lange im Visier, zumal Ursus terrenus, der Gemeine Erdbär, auf der Liste der bedrohten Arten steht.

Anzeige aus der »Rheinischen Post« (Nordrhein-Westfalen)

Wie erntet der Holländer Narzissen? Er treibt sie so lange vor sich her, bis sie nicht mehr laufen können.

Blumenladen in Aschaffenburg (Bayern)

Seit seine Hühner heimlich Schwimmunterricht genommen hatten, wurde es für Bauer Harms immer schwieriger, an die Eier zu kommen.

Ziegenrück (Thüringen)

Möglicherweise ein Beifang zu obigem Eifang.

Gasthof in Steingaden (Bayern)

Da die Zahl der frei laufenden Rinder stark zugenommen hat, empfiehlt sich für den Landbewohner das Tragen einer entsprechenden Schutzbekleidung, um plötzliche Zusammenstöße zu vermeiden.

Rinder Warnweste Orange

~~3,99~~

1,99

Sie sparen 2.00

Aus einem »Globus«-Prospekt

Nachts ist es wolkig, die Temperatur sinkt auf 2 bis 6 Grad.

Bauernregel:
Wenn der Kirchbaum an Neumond blüht, gibt es keine Kirchen.

Weitere Aussichten:
In dieser Woche ist eine

11

Falk

Brandenburg

12°

Pot

12°

Nicht alle Bauernregeln sind derart kirchenfeindlich.

Aus dem »Wochenspiegel«, Ausgabe Ostprignitz-Ruppin (Brandenburg)

Er kam, sah und … sähte?

Von der Internetseite der Baumarktkette »Obi«

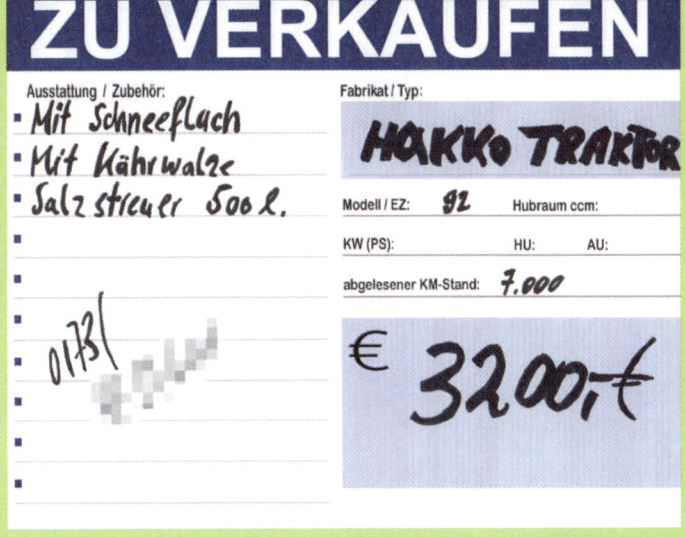

Verfluchter Traktor: Immer wenn man ihn anlässt, beginnt es zu schneien.

Nürnberg

Trotz zahlreicher Bemühungen der Ortsvereine sieht das kulturelle Angebot für Hausfrauen auf dem Land oft recht lausig aus.

Land- und Lausfrauen der Großgemeinde Adelsdorf

Gesundes Kochen

Am 15.01.2013 findet in der Schulküche der Don Bosco Schule in Höchstadt eine Kochvorführung mit Erährungsberaterinnen statt.

Thema: Kalorienarm und Vitaminreich essen.

Anmeldung und Auskunft bei den Ortsbäuerinnen, es entsteht ein Unkostenbetrag von 9 Euro.

Euere Ortsbäuerinnen

Aus dem »Amtsblatt der Gemeinde Adelsdorf« (Bayern)

Der Gemeindepfarrer hatte alles in seiner Macht Stehende versucht, um den Besuch des umstrittenen Freilichtspiels zu unterbinden, doch die Landfrauen ließen sich um nichts auf der Welt davon abbringen.

VEREINE

Grebenstien. Landfrauenverein: Busfahrt zur Waldbühne Niederelsungen „Ben Hure", Samstag, 6. August; Abfahrt: 18.15 Uhr, Käckel in Schachten; 18.20 Uhr,

Aus der »Hessischen Niedersächsischen Allgemeinen«

För Tabakpflanzungen benötigte man frischen, fruchtbaren Boden, denn wo Tabak drei, vier Jahre hintereinander angebaut worden war, ==wurde der Hoden unfruchtbar und brachte nur noch dünne Stengel hervor.==

Neue Schock-Studie belegt: Auch ungeraucht kann Tabak bereits verheerende Auswirkungen auf die Männlichkeit haben.
www.jaduland.de

Als wäre die Zweideutigkeit des Wortes »Bauerneier« nicht schon genug, hat man den Eiern auch noch ein Gesicht gegeben.
Aus einem »Merkur«-Supermarkt in Wien

Als Gastredner werden Schweinchen Dick und Rudi Rüssel erwartet. Den Unterhaltungsteil bestreitet die überaus beliebte Miss Piggy.

Aus der »Rheiderland-Zeitung« (Niedersachsen)

Im Zuge von Sparmaßnahmen kamen die Augenklinik und der örtliche Obstbauernverband überein, Werbeflächen künftig gemeinsam zu nutzen. Der Vorteil für den Kunden: Beim Kauf zweier frischer Augäpfel gibt's einen Korb Kirschen gratis dazu!

Annaberg-Buchholz (Sachsen)

Einer der Ersten, der schrieb, war ein Knecht aus der Eifel: »Zum Einkochen einer Bäuerin nehme man zunächst einen sehr, sehr großen Topf.«

www.landwirt.com

Zur Eindämmung der sogenannten Rentnerschwemme greifen einige Gemeinden zu drastischen Maßnahmen.

Anzeige aus dem »Herrnhuter Boten« (Sachsen)

Ne, also wirklich! Diese Stube hat »es« in sich.

Gutshof in Binenwalde (Brandenburg)

»Falsch gebeugt? Falsch buchstabiert? Macht nichts«, hieß es im Gemeinderat, »unsere Traktoren können sowieso nicht lesen!«

Garbsen (Niedersachsen)

Das passiert, wenn man seine Erdbeerfelder überdüngt.

Haltern (Nordrhein-Westfalen)

Lebende Schafe leisten mehr als tote. Sie kommen sogar ohne menschliche Hilfe aus und bieten ihre Erzeugnisse und Dienste in Eigenregie an.

Sachsenheim, Ortsteil Spielberg (Baden-Württemberg)

Und ewig blüht der Stil

Viele meinen, die sprachliche Qualität der Zeitungen sei in den vergangenen Jahrzehnten dramatisch zurückgegangen. Man finde kaum noch einen Artikel ohne Fehler, beklagen sie. Falsch geschriebene Wörter, vertauschte Namen, fehlende Satzzeichen, sinnzerstörende Worttrennungen seien an der Tagesordnung. Vielleicht haben sie recht. Doch all der Ärger darüber ist schlagartig vergessen, wenn nüchterner Zeitungsstil plötzlich herzerfrischend zu blühen beginnt. Das kann durch eine ungeschickte Wortwahl entstehen, eine unbeabsichtigte Auslassung oder ein falsch gesetztes Satzzeichen. Manchmal genügt schon ein fehlender Buchstabe.

woben. Auch der Sicherheitsapparat ist ==zusammengebrochen==, das heißt, ==das Regime stützt sich jetzt auf die Arme.== Die Armee nimmt aber eine neue Stellung ein, weil Hunderttausende Men-

Doch Liegestütze werden das angeschlagene Regime nicht wieder auf die Beine bringen.

»Der Standard« (Österreich)

KRIMINALITÄT Polizei umstellt Haus mit Tatverdächtigen.

Eine neue Taktik der Polizei sieht vor, Tatverdächtige so lange um ein Haus herum aufgestellt zu lassen, bis einer von ihnen gesteht.

»Westdeutsche Zeitung« (Nordrhein-Westfalen)

Brite gewählt

RAD – **Brian Cookson** (62) wurde am Rande der Straßen-WM in Florenz/Italien zum Präsidenten des Weltverbandes UCI gewählt. Der Brite löst den Iren **Pat McQuaid** (64) ab.

Die Wahl hatte sich in die Länge gezogen, weil die Funktionäre immer wieder von vorbeifahrenden Radsportlern und Anfeuerungsrufen der sie umgebenden Schaulustigen abgelenkt worden waren.

»Bild«-Zeitung

Siegburg. Brandgeruch und Rauch im Keller des Seniorenzentrums an der Friedrich-Ebert-Straße haben am Dienstagabend einen Großbrand der Siegburger Feuerwehr ausgelöst. Die Evakuierung des Hauses mit immerhin 206 Bewohnern wurde vorbereitet, konnte dann aber abgebrochen werden. Eine Gefahr für die Senioren habe nie bestanden, betonte Wehrführer T██████ █████.

Noch immer wird nach einer Erklärung gesucht, wie das Feuer im Seniorenheim auf die weit entfernt liegende Feuerwache übergreifen konnte.

»Rhein-Sieg-Anzeiger« (Nordrhein-Westfalen)

Soko greift auf der Reeperbahn zu

Schwerverbrecher T██████ ██ macht bei Festnahme einen gefassten Eindruck

Was blieb ihm auch anderes übrig? Für einen befreiten Eindruck war es noch viel zu früh.

»Badische Neueste Nachrichten« (Baden-Württemberg)

Bei dem Unglück war am Freitagabend ein 38 Jahre alter Fahrgast ums Leben gekommen. Zwei weitere Fahrgäste seien mit leichten Verletzungen ins Krankenhaus gekommen. Alle drei konnten nach Angaben von Schwartz die Klinik inzwischen wieder verlassen.

Nach dieser Meldung konnte sich Schwartz vor Bitten um weitere Wunder kaum retten.

»Weser Kurier« (Bremen)

Mann mit Axt vertreibt Einbrecher mit Hammer

Schere, Stein, Papier in der Erwachsenen-Version: Axt schlägt Hammer!

»Westfälische Rundschau«

Sportvereinen laufen die Mitglieder weg

Weniger Aktive im Landkreis – Fitness-Studios als Alternative

Aber immerhin: Sie laufen!

»Hersfelder Zeitung« (Hessen)

Wenn der Vitaminhaushalt leidet

Kaum werden die Tage kürzer, wird über die sperrliche Sonneneinstrahlung geklagt. Zurecht! Denn der Mangel an UVB-Strahlen kann ganz schön auf's Gemüt schlagen.

Irgendwo zwischen spärlichem Wissen und sperrigen Gedanken brachte die Sonneneinstrahlung plötzlich ein völlig neues Wort hervor.

»Lübecker Nachrichten«

Klärschlamm: Vieles ist unklar

Abwassergebühren werden steigen, wenn die zähflüssige Masse nicht mehr auf den Feldern entsorgt werden darf

Es ist zu hoffen, dass alle schlammigen Unklarheiten inzwischen geklärt werden konnten.

Wochenblatt »Kreiszeitung Nordheide« (Niedersachsen)

Sterben wird oft totgeschwiegen

Noch zu selten wird das Tabu thematisiert – Ungewöhnliche Messe im Haus der Wirtschaft

Er ist Alltag, unumgänglich, eine Selbstverständlichkeit. Und trotzdem neigen die meisten Menschen hierzulande dazu, jeden Gedanken an den Tod im persönlichen Umfeld so schnell und so tief wie möglich zu begraben.

Der Versuch, einem todernsten Thema Leben einzuhauchen, wurde schließlich erfolglos zu Grabe getragen.

Wochenblatt »Die Rundschau« (Baden-Württemberg)

Spurt führt ins Rotlichtmilieu

Polizei geht von Gewalttat in Coburg aus

Für den diesjährigen Polizeimarathon hatten sich die Veranstalter eine ganz besondere Route einfallen lassen.

»Neue Presse« Coburg (Bayern)

KRIMINALITÄT

21-Jähriger stellt sich nach Schuss auf Frau

MAGDEBURG/DPA - Ein 21-Jähriger, der am Sonntagmorgen in Magdeburg einer jungen Frau ins Bein geschossen haben soll, hat sich der Polizei gestellt. Ge-

Warum sich der Schütze auch noch auf die arme Frau stellen musste, ist unklar. Womöglich für ein Pressefoto?

»Mitteldeutsche Zeitung« (Sachsen-Anhalt)

Wird Binde zur Regel?

Hildebrand könnte USC dauerhaft anführen

Dass Lea Hildebrand eine exzellente Volleyballerin ist, muss hier nicht extra erwähnt werden. Sonst würde die ehemalige Senderin sicher nicht dem Stamm des Erstligisten USC Münster angehören. Die 21-jährige hat aber noch andere Qualitäten.

der Sportliche Leiter des USC durchaus als Kompliment verstanden wissen will. Aus obenjenem Holz seien Spitzensportler geschnitzt. Und: „Wer Leistung bringt, darf auch mal den Mund aufreißen." Leistung bringt sie, die junge Mittelblockerin, ohne Frage. „Einen großen Satz" habe sie getan, bescheinigt ihr Büring. In der zurückliegenden Sai-

Im Kampf um die Marktführung beim Frauenvolleyball scheint sich die Firma »Always« gegen den Konkurrenten »o. b.« durchzusetzen.

Gratiszeitung »Hallo Münster«

MAGAZIN KOMPAKT

Möpse einer Frau

... vertreiben Exhibitionisten

SCHWARZACH. Mit Hilfe ihrer beiden Möpse hat eine 55-jährige Frau im niederbayerischen Schwarzach einen Exhibitionisten in die Flucht geschlagen. Als ihr der Täter splitternackt entgegentrat, ließ die Frau ein-

Und zwei Hunde hatte sie außerdem!

»Neue Presse« Hannover

Füllen Sie sich wie zu Hause

Herzlich willkommen bei Party-Paradiso. Wir erfüllen alle Ihre Wünsche, ob für Ihre private Feier zu Hause oder in einem unserer verunstalteten Räume. Dabei verwenden wir ausschließlich handzermahlene Zutaten, zum Beispiel frisch geschnetzeltes Hänschen oder zart gebratene Grete. Bestellen Sie noch heute! Mit unserem Bombenlieferservice wird Ihre Party garantiert ein Knaller.

Besser falscher Prosecco als gar kein Alkohol.

Plakat in Dorfgastein (Österreich)

Der herzhafte Happen für Ihre Doppelkopfrunde. (Schmeckt auch zu Canasta.)

Supermarkt in Bad Oldesloe (Schleswig-Holstein)

Anm.: Die norddeutsche Spezialität Katenschinken verdankt ihren Namen der »Kate«, einer Bezeichnung für ein kleines Bauernhaus.

Küche, die ohne Tier- und Pflanzenprodukte auskommt, gibt es unter anderem im

Vegetarisch, makrobiotisch und vegan sind passé. Der neueste Ernährungstrend geht zu rein synthetischer Kost.

»Rheinische Post«

Einmal Hänschen klein, bitte!

Restaurant in Wiesbaden

Heilbutt

an der Grete gebraten,
auf Paspiere Algen
mit Frühlingslauch & Tomaten
im eigenen Fond

Offenbar hat die Hexe aus dem Grimm'schen Märchen am Ende doch gewonnen: Passend zum geschnetzelten Hänschen (unten links) kommt hier die gebratene Grete.

Aus dem Anzeigenblatt »der reporter« (Schleswig-Holstein)

Da kuckst du!
Garmisch-Partenkirchen (Bayern)

Ein Verkaufsschlager! Wird immer wieder gern bestellt.

Restaurant auf der Insel Langeoog (Niedersachsen)

Unsere Werkstatt schneidert, sägt und bemalt Kellner, Barkeeper und Servierdamen ganz nach Ihren Wünschen.

Ferdinandshof (Mecklenburg-Vorpommern)

Bomben-Lieferservice inkl.
Lieferung,
Anschluss und
Altgerätentsorgung

Kundendienst ist bei
uns Selbstverständlich

IHR ▬▬▬▬ Team

Bei diesem Lieferanten hat al-Qaida schon Treue-Punkte …

Elektrohändler in Essen

Wir liefern auch
Sonn- und Feiertage

**Heimdienst
Fest- und Partyservice**

Rassba

»Ich hätte gern den Ostermontag, und als Vorspeise nehme ich Fronleichnam!«

Schweinfurt (Bayern)

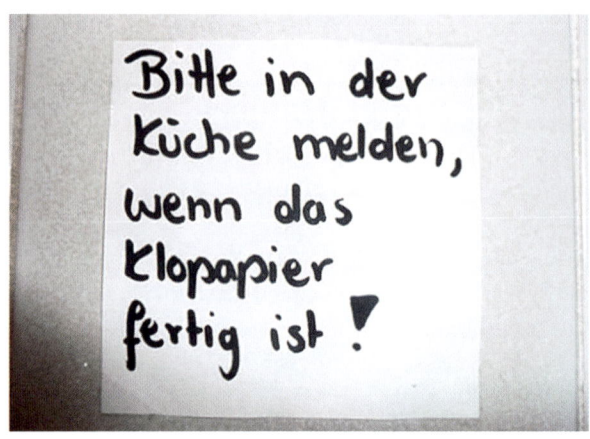

Hier ist wirklich alles hausgemacht.

Almhütte im Passeiertal (Südtirol)

Der Anblick nackter Frauen ist mancherorts so alltäglich, dass das Erscheinen in Kleidung schon eine Belohnung verdient.

Aushang in Schönaich (Baden-Württemberg)

Wir suchen für unsere Sauna noch Gleichgesinde!

DIE   Frauen 17.00 - 19.00 und 19.00 - 21.00

Eintritt: 5,oo€ pro Saunatag

Bitte melden unter: 035
0152-

Unsere Sauna ist in Börnersdorf,

Gutes Gesinde ist heute schwer zu finden. Gleiches noch schwerer.

Aushang im Gemeindeamt Berggießhübel (Sachsen)

NEU

KEGELBAHN

NEU

MONTAG RUHETAG

Jetzt mit Verunstaltungsraum für bis zu 50 Personen.

Ab Bestellung von 14,- € - Lieferung frei Haus

Öffnungs- und Lieferzeiten
Dienstag bis Samstag von 17.00 bis 23.00 Uhr
Sonntag und Feiertags
von 12.00 bis 14.00 Uhr und von 17.00 bis 23.00 Uhr

Für die gelungene Verunstaltung …

Von Karlfreitag bis Oktobert

Der Kalender hat viele besondere Tage: Feiertage, Eiertage und Freiertage. Da können Ostern und Pfingsten schon mal zusammenfallen. In manchen Jahren geht der Sommer bis September, manchmal auch nur bis Augsburg. Danach künden Ernie und Oktobert den Herbst an.

Seit man für einzelne Tage eine Patenschaft erwerben kann, kommt Bewegung in den Kalender. Viele Tage wurden bereits verkauft, so gibt es demnächst außer Karlfreitag auch noch Estersonntag, Ottomontag, Pauldienstag und Atzemittwoch.

Imbiss in Iserlohn (Nordrhein-Westfalen)

Der Januar, benannt nach dem römischen Gott Janus, wird in Österreich auch Jänner genannt. In anderen Gegenden heißt er mal so, mal anders:

Aus der »Aachener Woche«

Veranstaltungsplakat eines Tanzklubs in Freiburg im Breisgau

Da der 30. Februar im Jahr 2008 aus unerklärlichen Gründen ausfiel, wurde der Neubau bis heute nicht fertiggestellt.

Buchloe (Bayern)

Es sprach der Onkel August zu seinem kleinen Neffen Bert: »Ich bin mir sicher, dass sie auch nach dir irgendwann mal einen Monat benennen werden.«

Büsum (Schleswig-Holstein)

52 Sonntage im Jahr reichten den Bewohnern von Calw zum Einkaufen nicht aus, so wurden kurzerhand einige Freitage zum Sonntag erklärt.

»Die große Wochenzeitung« Calw (Baden-Württemberg)

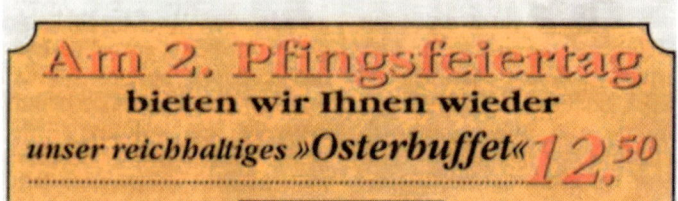

Das Brot ist inzwischen zwar steinhart und die Eier sind blau angelaufen, aber das stört nicht im Geringsen: Frohe Pfingsen!

Anzeige aus der »OWL am Sonntag« (Nordrhein-Westfalen)

RÜSSELSHEIM (red). In der Nacht von Freitag auf Donnerstag wurde im Neubaugebiet Blauer See in einen Rohbau eingebrochen. Dies teilte die Rüsselsheimer Polizei mit.

Wo die Uhren rückwärtsgehen, muss man logischerweise in Häuser einbrechen, die noch nicht fertiggestellt sind. Sonst gäbe es ein Raum-Zeit-Paradoxon.

Aus der »Main-Spitze« (Hessen)

Nikolaustag
Samstag, 7. Dez.
Geschenkideen und tolle Angebote

Die brennende Frage, wie der Nikolaus es schafft, überall gleichzeitig zu sein, verlor an Bedeutung, als man erfuhr, dass er in einigen Gegenden an einem anderen Tag kommt.

Anzeige aus dem »Flensburger Tageblatt« (Schleswig-Holstein)

Ganz schön ausgepufft

Der Mensch und sein Auto – eine bedeutsame Partnerschaft. Die Wahl des Automodells und der praktizierte Fahrstil sagen mehr aus, als man durch Intelligenz- und Persönlichkeitstest je über einen Menschen in Erfahrung bringen könnte. Zwischen sicherer Bedienung der Gangschaltung und sicherer Bedienung der Rechtschreibung konnte indes noch kein Zusammenhang festgestellt werden. Darum zählen Blechschäden nach wie vor zum Alltag. Sowohl auf der Straße als auch in der Sprache.

Selbstverständlich ist das Auto von innen hohl, wenn wir es bringen. Das gehört zu unserem Service!

Schönebeck (Sachsen-Anhalt)

»Vergessen Sie den Strich hinter Umzugs- nicht!«, hatte der Spediteur noch gesagt. »Kein Problem!«, hatte der Mann mit der Klebefolie erwidert. »Das kriegen wir hin! Wir sind schließlich Profi's!«

Menschen, die »dass« dürfen, ohne »das« zu können, wird es sicherlich weit über das Ende von »Wetten, dass ..?« hinaus noch geben.

Oberbergischer Kreis (Nordrhein-Westfalen)

Als Nächstes wollte sich Baufahrzeugfahrer Dieter den Namen seiner Freundin »Melani'e« auf die Brust tätowieren lassen.

Leipzig

It's vor allem saumäßiges Englisch!

Fürth

»Das es war es für heute«, sagte der Autolackierer und machte Feierabend.

Berlin

Ich Interessiere mich für
Ihr Fahrzeug !
Wenn Sie Ihr Auto
verkaufen möchten
Dann Rufen Sie mich an !
Egal in welchem Zustand !
Zahle Höchstpreise !

Tel: 0176 /

Egal ob Sie verwirrt sind, depressiv oder euphorisch.
Handzettel aus Berlin

46

Zu den bekannten Tricks der Gebrauchtwagenhändler zählt, den Kunden auf keinen Fall merken zu lassen, dass man interessiert ist.

Hauswurfsendung aus Buxtehude (Niedersachsen)

Frei nach Loriot: Es saugt der Tankwart Heinzelmann, wo Vati sonst nur blasen kann.

»Shell«-Tankstelle in Berlin

Die Helmpflicht für Autofahrer wird immer noch von vielen ignoriert. Auch die Kurtpflicht für Hunde stellt ein Problem dar, da nicht für jeden Hund ein Kurt zur Verfügung steht. Es wird daher überlegt, die Vorschrift auf die Namen Helmut und Klaus auszuweiten.

Besuche: 0 0 0 0 4

Seit er im Ruhestand war, hatte Mathelehrer Ulrich F. wie im Wahn Dreiecke, Rauten, Quader und Oktaeder gebastelt. Ein Freund gab ihm den Tipp, die Stücke nach und nach auf Ebay zu verkaufen.

Substantive, Verben und Präpositionen können Sie hingegen
unbesorgt tanken.

Forum der »Auto Bild«

Tuning-Fans können Farbakzente setzen. FOTO: PHILIPS

Modell »Barbie« katapultiert ausgewachsene Schweine bei
einer Rammgeschwindigkeit von 80 km/h mühelos bis zu sieben
Meter durch die Luft.

»Neuß-Grevenbroicher Zeitung« (Nordrhein-Westfalen)

Verben im Wandel der Zeiten

Im Englischunterricht mussten wir unregelmäßige Verben pauken: do, did, done; go, went, gone; take, took, taken; shake, shook, shaken. Besonders gut zu merken waren die Formen von »to put«, klangen sie doch wie der Lockruf auf einem Hühnerhof: put, put, put! Doch ich liebte es, wenn sich der Stammlaut in Vergangenheit und Perfekt veränderte: blow, blew, blown; drink, drank, drunk – das war in meinen Ohren wie Musik. Auch das Deutsche hat in dieser Hinsicht einiges an Musikalität zu bieten: von »binden, band, gebunden« über »stinken, stank, gestunken« bis »zischen, zusch, gezoschen«. Ach, das Letzte kennen Sie nicht? Dann lesen Sie nur weiter! Auf den folgenden Seiten bekommen Sie ordentlich eine gezoschen.

Ein Unbekannter hatte in Höhe des Hotels „Bansiner Hof" ein geparktes Fahrzeug gestriffen und sich danach aus dem Staub gemacht.

Gestreift ist out! Heute trägt man gestriffen!
Aus einer Pressemeldung der Polizei in Mecklenburg-Vorpommern

Da bekommt man Mitleid – sowohl mit dem Hund als auch mit der achtlos mitgeschleiften Grammatik.
»Extra-Tip« Kassel

Etwas Vergleichbares findet man in keinem Wörterbuch.

STORMARN

In Elmenhorst bleibten nachts die Lichter aus

Viele Elmenhorster Pärchen machten das Beste daraus und leibten sich die ganze Nacht.

Unfallserie in Karlsruhe reist nicht ab 💬 [11]

Karlsruhe (pol) - Witterungsbedingt kam es am Dienstag im morgendlichen Berufsverkehr zwischen 6 und 10 Uhr auf den Straßen im Stadt- und Landkreis Karlsruhe zu insgesamt 29 Unfällen.

Der Schwerpunkt der Karambolagen, die mit einer Ausnahme mit kleineren Blechschäden abgingen, lag mit 20 Unfällen im Stadtgebiet Karlsruhe, sagte die Polizei Karlsruhe. Besonders betroffen waren die Nebenstraßen.

»Ich denke gar nicht daran, jetzt schon abzureisen!«, fuhr Ulla Unfallserie den Hotelchef an. »Ich habe doch gerade erst eingecheckt.«

www.ka-news.de

Erläuterungen zum Titelfoto

Das Titelfoto zeigt die Mariengrotte des Ortsteiles Wehingen. Die von vielen freiwilligen Helfern errichtete Grotte wurde im Oktober 1961 von Pastor Göttert eingewiehen. Die Marienstatue wurde Überlieferungen zufolge durch eine Sammlung im Dorf möglich. Die Statue der Hl. Bernadette wurde von der Kath. Jugend Wehingen gestiftet.

Zum Wiehern!

Aus dem amtlichen Bekanntmachungsblatt »Rund um die Saarschleife« Mettlach (Saarland)

Hochglanzprospekte trügten: Nichts blieb vom tollen Ambiente

Fragt der Priester in der Beichte: »Hast du gelogen oder betrogen, mein Sohn?« – »Nein!«, beteuert der Sünder. »Keineswegs! Höchstens mal ein bisschen gelügt und ein bisschen betrügt, aber das wird ja wohl erlaubt sein.«

Österreichische Tageszeitung »Kurier«

Schadenfreude ist jedoch nicht angebracht: Deutschland schneidete bei PISA schlechter ab als die USA.

Wer da glaubt, der Bildungsstandard in Deutschland sei höher als in den USA, der hat sich gründlich geschnitten, wenn nicht gar geschneidet.

MTV-Videotext

Zwar frisch und freundlich, doch so richtig Perfekt ist es nicht geworden.

Freizeitpark »Irrland« in Kevelaer (Nordrhein-Westfalen)

Das Grundstück auf dem sich dieses außergewöhnliche Anwesen befindet ist ganztägig <u>besonnen</u>. Eine Doppelgarage und zwei davorliegende Stellplätze bieten Platz für insgesamt vier Fahrzeuge.

Etwas für solide Menschen, die mit unbesonnenen, impulsiven Grundstücken nicht zurechtkommen.

www.exklusive-residenzen.de

Nicht gesucht und doch gefunden

Das Studium von Kleinanzeigen hat schon vielen Generationen Vergnügen bereitet. Und seit die Zeitungsredaktionen kaum noch Korrekturleser beschäftigen, ist es ein noch größeres Vergnügen geworden, denn dank der ungebändigten Rechtschreibung stößt man auf Dinge, die man nie für möglich gehalten hätte.

Chique schwarze Napalmlederjacke (Blousonform m. Gürtel), gefüttert, Gr. 42 f. nur 20€ umständehalber zu verk. ☎03929

Bei diesem Angebot fängt man augenblicklich Feuer!

»Magdeburger Volksstimme«

Pelzmandel (Luchs) lang, neuwertig, Gr. 42/44 zu verk., ☎0173-28

Es gibt Hunderte verschiedener Mandelsorten. Zum Beispiel die Wintermandel, die Regenmandel und die Wollmandel. Die Pelzmandel aus Luchs (kurz für: Luchsemburg) wird von Kennern besonders geschätzt.

»Jülicher Woche« (Nordrhein-Westfalen)

Maiers Konferlations Lexikon, 16 Bd., 1874 - 1878 (Leipzig, 3. Aufl.) gg. Gebot zu vk., Tel.

Wer braucht heute noch ein Lexikon? Wenn man nicht weiß, was »Konferlation« bedeutet, kann man's ja googeln.

»Schleswig-Holsteinische Landeszeitung«

Zu meinen Spezialitäten gehören: lärmendes Entern fremder
Gärten, Plündern der Beete und Niederbrennen der Lauben.

»Süddeutsche Zeitung«

Selma, 49, hasste jegliche Art von Spaß, Tanzen am allermeis-
ten. Diese Anzeige schien ihr daher genau das Richtige zu sein.

»BlickPunkt« Herzberg/Finsterwalde (Brandenburg)

Dieses einsame Herz musste nicht lange auf Antwort warten.
Die Aussicht auf einen tollen Rand hatte viele Männer neugierig
gemacht.

»Augsburger Allgemeine«

Skipendeltisch Tisch ist 65cm hoch ,
123cm lang und 72cm breit. 200,-
VB. 		Selbst 		Abholung
☎ 0151/ ███ ███ ab Uhr

Ein Möbelstück aus einem Pendelbus für Wintersportler?

»Rheinpfalz«

Anm.: Thomas Chippendale war ein bedeutender Kunsttischler und
Möbeldesigner im England des 18. Jahrhunderts. Seine Arbeit hat eine
ganze Stilrichtung geprägt.

Die gute Tat

Braune Poltergarnitur an Selbstabholer
zu verschenken ☎ 0177-23

Sie ist zwar ein bisschen laut, aber noch völlig intakt!

»Jülicher Woche« (Nordrhein-Westfalen)

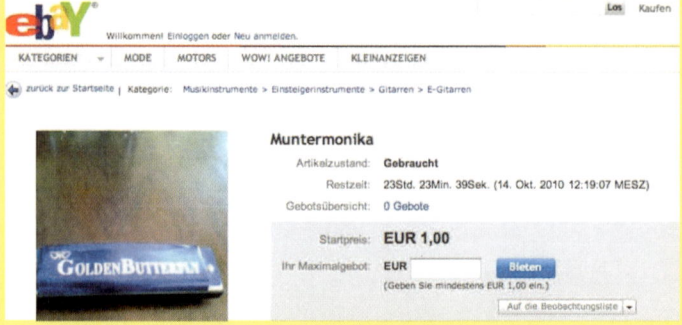

… macht müde Monikas munter.

www.ebay.de

Wer erteilt Nachhilfeunter-
richt in Mathe (Analysies, Fektorrechnen),
Physik (Schwingungen, Wellenarten).

Die Eltern hatten keine Erklärung dafür, warum sich ihre Söhne Finzent und Fiktor in der Schule so schwertaten.

»Badische Zeitung«

SachbearbeiterIn für Exekutionen
Vollzeit

Die Wiedereinführung der Todesstrafe sorgte für zahlreiche neue Jobs.

»Bezirksblatt« Eisenstadt (Österreich)

Anm.: Im österreichischen Amtsdeutsch wird »Exekution« für »Zwangs-vollstreckung« verwendet.

Auf keinen Fall zusammen! Die beiden sind nämlich wie Feuer und Wasser.

»Hessische Allgemeine«

Um endlich schwanger zu werden, hatte Elke schon alles Mögliche probiert, immer erfolglos. Bis eine Freundin ihr eines Tages zwei Hamster schenkte.

marktplatz.haz.de

Wann ist endlich Schluss mit Gen-Experimenten an Katzen?

»Oberhessische Presse« Marburg

Junge Frau, 49, sucht ...

»Man ist so alt, wie man sich fühlt«, lautet eine bekannte Redensart. Dies scheint vor allem für die Arbeitssuche zu gelten. Nirgends offenbart sich die Relativität des Alters deutlicher als bei Stellengesuchen. Die folgenden Ausschnitte hat ein Erfurter Lehrer in rund zehn Jahren aus einer thüringischen Lokalzeitung zusammengetragen.

Der Normalfall:
Was ist weiblich, jung und emanzig? Eine Frau von Anfang 20!

Junge Frau

20 Jahre, ungebunden, sucht Arbeit mit Wohnmöglichkeit.

Zuschriften unter ▆▆ ▆ ▆▆ an die Geschäftsstelle dieser Zeitung.

Der gesteigerte Fall:
Was ist weiblich, jung und fleißig? Eine Frau mit 32!

Junge Frau, 32,

sucht Arbeit, in Schichten, als Verkäuferin od. in Produktion, auch als Prod.-Helferin od. Montagearbeiterin.

☎ 0173/▆▆▆▆▆

Wir legen noch einen drauf:
Was ist weiblich, jung und würzig? Eine Frau mit 44!

Da geht noch mehr!
Was ist jung, doch schon vernünftig? Eine Frau mit kurz vor 50!

Bei so viel jungem Frauentreiben
Kann der Mann nicht untätig bleiben:

Junger Mann,

51 Jahre

sucht Vollzeit- oder Nebenbeschäf-
tigung. Universell einsetzbar,
100%ige Zuverlässigkeit werden
garaniert.

Zuschriften unter ▮▮▮▮▮ an
die Geschäftsstelle dieser Zeitung.

Und eine Frau sucht hier ihr Heil
Im genauen Gegenteil:

**Sehr rüstige
ältere Dame**

(43 Jahre), Bürokauffr. sucht Be-
schäftigung, belastbar. Angebote u.
▮▮▮▮▮ an die Gesch.-stelle
dieser Zeitung.

Auch das Umfeld zählt

Eine fehlerfreie Anzeige zu gestalten, ist heute schon fast eine Kunst. Eine andere Kunst ist es, die Anzeige so zu platzieren, dass die Werbebotschaft nicht missverständlich wird. Auf der Titelseite einer Boulevardzeitung zu werben, ist nicht nur teuer, sondern auch höchst riskant, denn die Wahrscheinlichkeit ist hoch, dass die Anzeige in unmittelbarer Nachbarschaft zu Wörtern wie »gemein«, »brutal«, »tot« und »Horror« landet. Aber auch in seriösen Medien kann man böse Überraschungen erleben. Das spektakulärste Beispiel bot der Umschlag des »Spiegels« nach den Anschlägen vom 11. September. Auf der Vorderseite sah man, wie das zweite Flugzeug gerade ins World-Trade-Center einschlug, auf der Rückseite eine ganzseitige Werbung der Zigarettenmarke »Lucky Strike«, was übersetzt so viel wie »Glückstreffer« heißt. Nebeneinander erzeugten die beiden Seiten eine äußerst makabre Aussage.

In eigener Sache...   20

Wieso »könnte«? Es ist doch nur eine Frage der Zeit, denn auf den Tod ist schließlich Verlass.

Vereinszeitschrift »Schwarzweiß« des Harburger Turnerbunds (Hamburg)

67

Viele hielten Steve Jobs für unersetzlich. Offensichtlich haben sie sich geirrt ...

www.zeit.de

Es ist doch immer wieder erstaunlich, wie viele Personen in so einem kleinen Fahrzeug Platz haben!

Werbung eines Taxiunternehmens in Berlin

Ich fahr nach Libyen, Mama!

www.blick.ch

Mit Cheeta kam endlich frischer Wind in die Achimer SPD.

Aus dem »Achimer Kreisblatt« (Niedersachsen)

Nach 17 Jahren fand man den Koalitionsvertrag endlich wieder – hinter dem Kamin in Angelas Wohnzimmer.

Anzeige auf »Spiegel Online« für ein »Spiegel«-Abonnement

Wenn Sie nicht größer als 20 Zentimeter und Zipfelmützenträger aus Überzeugung sind, dann bewerben Sie sich!

»Hallhuber«-Filiale in Köln

Zum Teufel mit der Kanzlerin! Freibier für alle!

Mannheim

Neue deutsche Rächtschreibunk

Die 70er-Jahre waren ein Jahrzehnt wegweisender neuer Konzepte und tollkühner pädagogischer Experimente. Eines nannte sich »Malen nach Zahlen« und machte es möglich, dass auch völlig talentlose Hobbykünstler nahezu perfekte Ölbilder von niedlichen Hundewelpen und sich aufbäumenden Pferden malen konnten. Ein anderes Experiment hieß offenbar »Schreiben nach Gefühl«, jedenfalls sorgte es dafür, dass ganze Generationen von Schulabgängern nicht mehr richtig schreiben konnten. Das war aber nicht schlimm, denn in den 90er-Jahren sorgte eine Rechtschreibreform dafür, dass viele falsch geschriebene Wörter plötzlich als richtig galten. Seitdem ist alles wieder im Lot. Meer oder wehniger.

Jezz geht's ab: Früh shoppen, anschließend chillen und später Party machen!

Wirtshaus in Wiesbaden

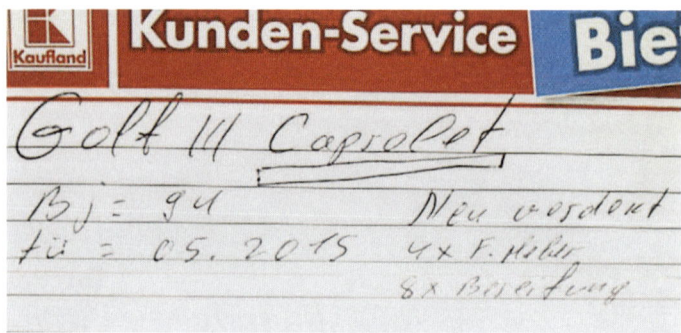

Ein Traum für jeden echten Proleten.

Angebot vom Schwarzen Brett eines Supermarkts in Sindelfingen
(Baden-Württemberg)

Die Vorsilben »ver« und »fr« werden bekanntlich oft frwech-
selt. Möglicherweise handelt es sich hierbei auch um eine femi-
nistische Botschaft: »Nur an Frauen zu verkaufen«.

Baugrundstück in Dresden

KLASSE SERVICE

ICH SUCHE: ☐   **ICH BIETE:** ☒

2 liebe Raucher dackels zu Verkaufen.

Aufgrund der hohen Unterhaltskosten (1000 Euro monatlich für Zigaretten) sind Raucherdackel heute nur schwer zu vermitteln.

Angebot vom Schwarzen Brett eines Supermarkts in Krefeld

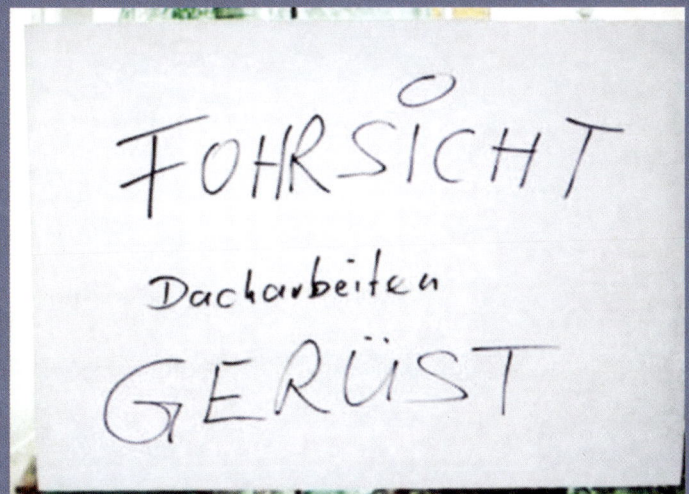

Rechtschreibung 3.0, nachdem die Gerüste eingestürzt sind …
Hahnbach (Bayern)

Der Platz rechts ist schon vergeben, aber den wollten Sie ohnehin nicht, stimmt's?

www.campen-am-fluss.de

Die Sperrung der Straße hätte den Schützenverein zu viel Geld gekostet. Die Spärung war deutlich günstiger.

Köln-Bickendorf

Eine neue App? Die muss ich haben!

ZDF-Sendung »Hallo Deutschland«

Hier kannssu auspaggn, einpaggn un wechfarn, Alder!

Sägewerk nahe Eschlkam im Bayerischen Wald

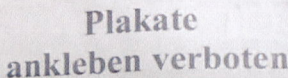

Plakate
ankleben verboten

Zu wieder Handlungen
werden
Strafrechtlich
verfolgt

Der Eigentümer

Da es immer wieder zu Handlungen kam, die ihm zuwider waren, handelte der Eigentümer schließlich in orthografischer Eigenregie.

Bauzaun in Bonn

Heute wird weniger über Briefe kommuniziert: Ein Angestellter der Post lehrt in Zürich einen Briefkasten.
Bild: Keystone

Im nächsten Semester macht der Briefkasten endlich seinen Bachelor.

Internet-Ausgabe der »Berner Zeitung«

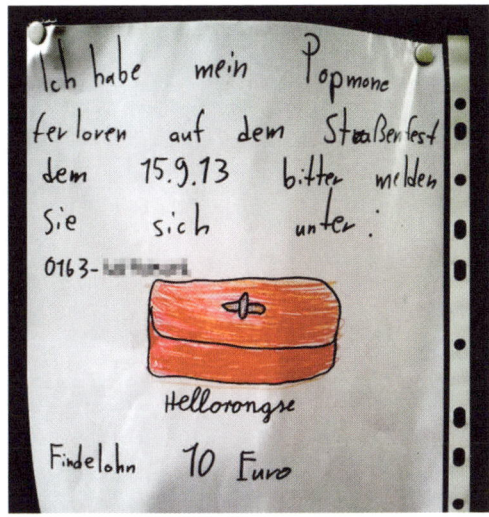

Kein Zweifel: Dieses Portemonnaie ist Pop-Art. Kunstexperten schätzen seinen Wert auf mindestens 10 Euro.

Aushang in Berlin-Schöneberg

Die zarte Liaison zwischen der Rhabarberdame Barbara und dem Plunderbrötchen Franz nahm alsbald rabiate Formen an.

Backwarengeschäft im Hamburger Hauptbahnhof

Andere Länder, andere Namen

Zu welchem Land gehört Bayern? Zu Deutschland? Falsch! Wo liegt Nepal? Am Mittelmeer? Richtig! Ach, das wussten Sie nicht? Dann haben Sie vermutlich auch noch nie von Ländern wie Belgiesien, Spananien und Grieschländ gehört. Höchste Zeit für eine Lektion in Geolografie.

13:20 | WINTER-CHAOS

Schneefront legt Verkehr an US-Ostseeküste lahm

New York versinkt erneut im Winter-Chaos.

Mit der jüngsten Kontinentalverschiebung wurden die Vereinigten Staaten zum Ostsee-Anrainer. Jetzt plant man den Bau einer Brücke von Fehmarn nach New York.

www.welt.de

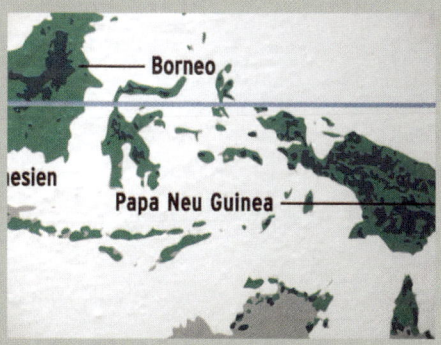

Östlich von Papa liegt Mama Neu Guinea. Weiter südlich befinden sich Oma und Opa Neu Guinea und Baby Neu Guinea.

Landkarte im Kindermuseum München

Zwischen Frankistan und der Hollandei liegt das Land Belgiesien, berühmt für seine drallen roten Beeren.

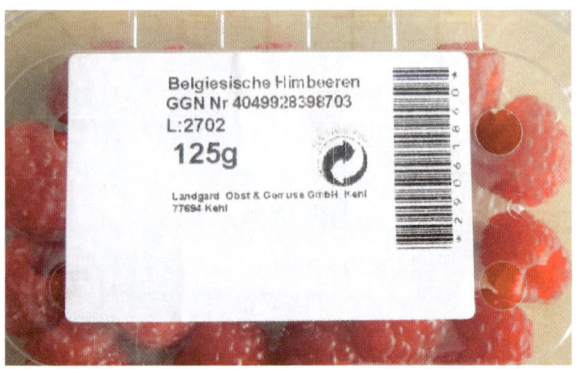

»Aldi«-Markt in Oldenburg (Niedersachsen)

Etwas weiter südlich befindet sich das Land, wo die Zitrononien blühen: Spananien.

Supermarkt in Berlin

»Edeka«-Markt in Karlsruhe

Zwischen Grieschländern (oben) und Grischen (unten) herrscht seit Jahren ein erbitterter Streit. Es geht um Unterschlagung und Missbrauch von Buchstaben.

Feinkoststand in Mainz-Ebersheim

Immer wieder gefordert, hier mutig vorausgesetzt: Bayerns Eigenständigkeit.

Plakat zur Möbelmesse in Mannheim

Dem Realisten fällt dazu ein, dass Hartz IV ein schwerer Brocken ist. Der Romantiker denkt an »Broken Hearts«.

Wetterkarte aus der ZDF-Sendung »heute«

BILD -++ **12:56h Buckelwal vor Mall**

10 JAHRE IN PSYCHIATRIE

Die Horror-Spur des Sex-Gangsters: Die Karte zeigt, wo Jörg P. überall mit seiner Mitleidsmasche zugeschlagen hat – vor allem im Rheinland

BILD dir deine Welt zurecht. Heute: das Rheinland. Von Marrakesch bis Mauretanien.

Ehepaar P██████ feierte Goldene Hochzeit

Zwingenberg. In Zwingenberg konnten am vergangenen Freitag Helga und Lorenz P██████ ihren 50. Hochzeitstag feiern. Beide kamen in den 1950er Jahren an die Bergstraße und lernten sich hier kennen. Helga P██████ wurde im Studentenland geboren und kam 1951 mit ihrer Familie nach Zwingenberg, ihr Ehemann Lorenz stammt aus Husum und kam aus beruflichen Gründen nach Zwingenberg. Der gelernte Metzgermeister arbeitete bis zu seinem

Zwischen Universistan im Norden und der Fakultistischen Republik im Süden erstreckt sich das Studentenland. Hauptstadt: Filosofia. Größte Stadt: Cafeteria. Höchste Erhebung: Campus.

www.bergstraesser-anzeiger.de

Nepalreise

BRANDENBURG. Der Verband der Volkssolidarität bietet in Gemeinschaft von Senioren in der Zeit vom 10. bis 17. April eine Reise nach Nepal - Amalfiküste an und hat noch einige Plätze frei. Anmeldungen und weitere Informationen: 03381/

Beim dritten Anrufer wurde Reiseleiter Kaschlupke pampig: »Wieso fragen alle, ob wir zum Himalaya fahren? Wir meinen das Nepal in Italien!«

Aus dem »Brandenburger Wochenblatt«

Die Marathon-Herbst-Saison beginnt: (Zehn-)Tausende laufen durch Europas Großstädte. Bremen, Berlin, Köln, München, Florenz, Budapest, Graz, Chicago, New York. Doch man kann die 42,195 km auch auf engstem Raum zurücklegen. Wie unser Autor. Er startete als einer von 150 „Externen" beim Darmstädter Knastmarathon.

Wenn wir schon beim Langstreckenlaufen durch Europas Großstädte sind: Was ist mit dem Sydney-Marathon?

Aus dem »Münchner Merkur«

In den italienischen Nationalfarben Weiß (wie Mozzarella), Rot
(wie Tomaten) und Blau (wie Basilikum).

Handzettel einer Pizzeria in Herrenberg (Baden-Württemberg)

Unter dem Eindruck der schweren Wirtschaftskrise wurden die
spanischen Nationalfarben leicht modifiziert.

lan haben sich geeinigt: Der
31-Jährige wird die Fassade
seines Restaurants an der Em-
schestraße, die er in den spanischen Nationalfarben Geld
und Rot gestrichen hatte, wieder verändern. Er will jetzt
einen Alternativ-Vorschlag
einreichen.

Aus der »Westdeutschen Allgemeinen Zeitung«

Holland hatte Glück: Nachdem die ivorische Mannschaft völlig überraschend abgesagt hatte, fand sich gerade noch rechtzeitig ein Ersatz.

Schild einer Gaststätte am Playa de Palma (Mallorca)

Eine der größten Regionen der Welt ist die Provence. Sie umfasst Länder wie Spanien, Deutschland und sogar Israel. Nur Frankreich gehört nicht dazu.

Aufschrift einer Kräuterverpackung

Das Adjektiv zu »Provence« lautet »pronzalisch«. Zu den pronzalischen Sehenswürdigkeiten zählen üppige Lavendelfelder und der Tadsch Mahal.

Aus einem »Rewe«-Prospekt

Sitzt wie angegossen

Kleider machen Leute, daran hat sich seit Jahrhunderten nichts geändert. Die Mode hingegen ändert sich ständig und mit ihr auch die Sprache, denn neue Kleidungsformen erfordern neue Begriffe. Wörter wie Knickerbocker, Reifrock, Mieder und Schlaghosen gehören längst der Vergangenheit an; zum aktuellen Vokabular zählen Bezeichnungen wie Baggy, Hoodie, Longsleeve und Softshell. Die gibt es in allen erdenklichen Formen, Farben – und Schreibweisen. Für jeden ist etwas Passendes dabei. Hier finden Sie Germany's next Top-Mode.

Alle beneideten Axel um sein exklusives Shirt.

Sonderpostenmarkt in Osterholz-Scharmbeck (Niedersachsen)

Très chic – oder trashig?

Modegeschäft in Trier

Ein echt schtarkes Angebot – leider mit nur einem Ärmel, wo-
durch die Hälfte der Wirkung verpufft.

»H&M« in Bad Hersfeld (Hessen)

»Ich halts nicht aus!«, rief Renate begeistert und kaufte gleich ein halbes Dutzend.

Hundesalon in Hattingen (Nordrhein-Westfalen)

Hose muss nicht passen.
Rutscht eine Umstandshose über die Hüften, hat sie einem aktuellen Urteil zufolge kein Rückgaberecht. Dass eine sol-

Sichtlich zerknittert nahm die Hose den Urteilsspruch entgegen.

»Neue Ruhr Zeitung«

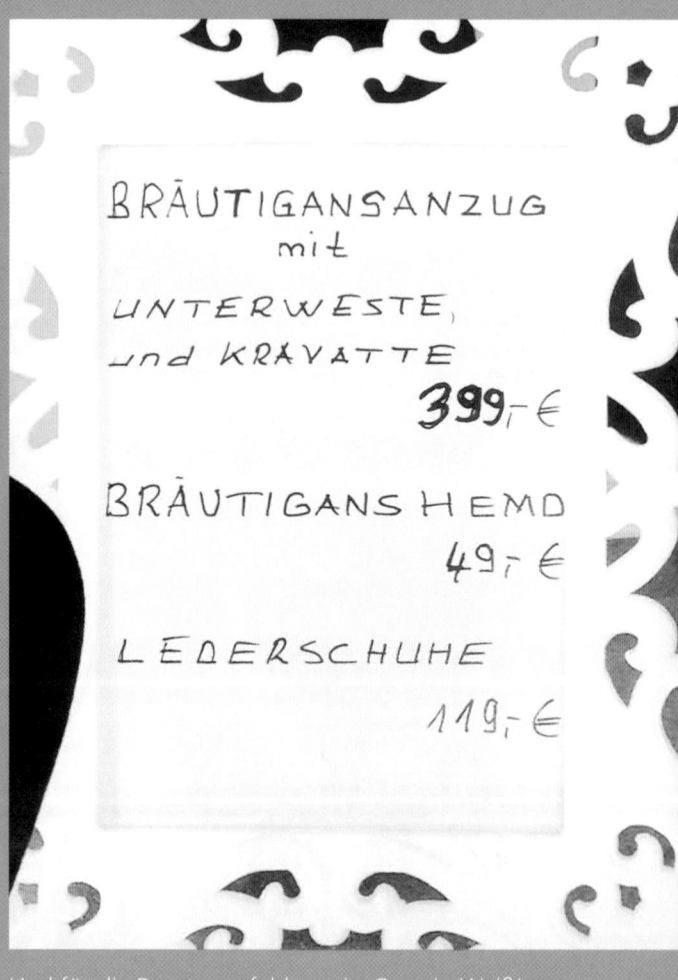

BRÄUTIGANSANZUG
mit

UNTERWESTE,
und KRAVATTE

399₋€

BRÄUTIGANS HEMD
49₋€

LEDERSCHUHE
119₋€

Und für die Braut empfehlen wir: Gans in Weiß!

Modegeschäft in Mühlacker (Baden-Württemberg)

Türkisches Angebot mit unverkennbarer Ruhrgebietsprägung
(»für zum«).

Basar in Kizilagaç bei Mahavgat (Türkei)

Wo Jean-Louis, Jean-Philippe und Jean-Claude ihre Hosen
kaufen …

Modegeschäft in Heidelberg

Die Hemden mit den drei Qualitätsmerkmalen: aktuell, kurz, arm.

Andenken- und Bekleidungsgeschäft am Königssee (Bayern)

Für Kinder mit besonders langen Armen gibt es oft keine passenden Hemden oder Pullover. Dann müssen eben Hosen herhalten.

»Karstadt«-Filiale in Recklinghausen

Im Unterschied zu Streichern und Trommlern stoßen Blasmusiker immer mal wieder auf eigens für sie zugeschnittene Angebote.

Secondhandgeschäft im Berliner Stadtteil Prenzlauer Berg

In der Paarungszeit tragen die Weibchen einiger Arten eine spezielle Balztracht.

Aus dem »Otto«-Katalog

We are the Champignons!

Keine Angst vor Anglizismen! Eine Auswertung des Dudens hat ergeben, dass englische Wörter nur 3,5 Prozent unseres derzeitigen Grundwortschatzes ausmachen. Von einer Überfremdung kann also keine Rede sein. Tatsächlich sind es eher die Briten und Amerikaner, die Grund zur Sorge haben, wenn man bedenkt, was mit ihren schönen Wörtern in anderen Sprachen so alles angestellt wird. Touristen aus dem angelsächsischen Sprachraum dürften in Deutschland nur einen Bruchteil der Wörter wiedererkennen, die wir uns von ihnen geborgt haben. Viele davon erkennen wir ja selbst nicht mehr.

Champignon-Fohlen wird versteigert

Erste Auktionshälfte mit „Siegerpreis OLD"

Das Curry-Huhn und das Koriander-Lamm bekommen einen neuen Spielgefährten!

»Oldenburgische Volkszeitung« (Niedersachsen)

Weil Megafone beim Public Viewing nur für Ärger sorgen, wurde jetzt eine neue Veranstaltungsart eingeführt.

Prospekt eines Elektronikmarkts in Alsfeld (Hessen)

Nur scheinbar dasselbe: Auf Deutsch ist es länger und deshalb teurer.

Süßwarenstand auf dem Hamburger Dom

Endlich! Für alle, die Regenmäntel und Allwetterjacken nicht länger nur im Wohnzimmer tragen wollen.

Bremen

Der Bestseller »Die Sandhexe« von Gustav Wasa – jetzt auch auf Englisch erhältlich!

»Marktkauf«-Filiale in Itzehoe (Schleswig-Holstein)

Eine beliebte Lagerfeuertradition ist das Singen von Marschmelodien beim Rösten von Marshmallows.

Süßwarenstand auf dem Weihnachtsmarkt in Erfurt

Diese Schreibweise ist gar nicht so abwegig, da auch Barkeeper gern mal einen hinter die Binde kippen …

Stellenanzeige im »Neuen Tag«, Weiden in der Oberpfalz (Bayern)

CLUBINFO

Heute Schnuppersegeln für Kit's

im Duisburger Yacht-Club e. V.

Zur Enttäuschung der Kids blieb das Schnuppersegeln ausschließlich der Ausrüstung (engl. »kit«) vorbehalten.

Aushang des Duisburger Yacht-Clubs

Kunden-Service **Biete:**

Hammer:

TV- Reck !!!

Buche + Metallsäulen

Lenglern

Straße

Ort
0170, ▓▓▓▓▓

Name

Telefon

29. 08. 13

Datum

(Bitte schreiben Sie das Ausstellungsdatum auf die Karte.
Karten ohne Datum werden aussortiert – Aushangzeit 14 Tage.)

Der hält was aus: An diesem TV-Ständer (engl. »rack«) können
Sie Klimmzüge und Aufschwünge machen!

Kundenannonce in einem Supermarkt in Göttingen

An diesem Sideboard hat der Zahn der Zeit nicht nur genagt,
sondern regelrecht gebohrt.

Inserat auf www.markt.de

Neue wirkungsvolle Abnehm-Methode: Wer sich nicht
an den Diätplan hält, bekommt eine gewatscht!

»Edeka«-Filiale in Hamburg-Rahlstedt

Die Frucht mit der besonderen Schweißnote, wie sie nur
in Tokyo in China reift …

Discountmarkt in Hannover-Misburg

Wenn Ihr Partner durch kräftigen Stallgeruch auffällt, könnte es an seinem Balsam liegen.
»Kaufhof«-Filiale in Sulzbach (Hessen)

Die alten Zeiten sind vergangen, auch für Oldtimer haben neue angefangen.
Treckertreffen in Moorwinkelsdamm (Niedersachsen)

Korretkur ist für uns ein Fremdwort

Englische Wörter machen längst nicht den größten Anteil unserer Importvokabeln aus. Weit mehr Fremdwörter stammen aus dem Lateinischen, Griechischen, Französischen und Italienischen. Man muss nicht besonders ambitioniert sein, um sie zu beherrschen. Manchmal genügt es bereits, »abizonirt« zu sein.
Fremdwörter besitzen Charme. Ob sie korrekt gebraucht werden oder korkett, bleibt oft dem Zufall überlassen. Im Umgang mit Fremdwörtern muss man flecksibel sein.

Bitte aus
hygänischen Gründen
Diverse Schuhe
nicht BARFUSS
anprobieren!
Vielen Dank für
Ihr Verständnis ☺

Wo die Hyänen gähnen, kann man Hygiene nicht genug erwähnen.

»Nanu-Nana« in Wiesbaden

»Flexibel« ist naturgemäß ein dehnbarer Begriff.

Zeitschriften- und Tabakwarengeschäft in Delmenhorst (Niedersachsen)

Am Ruder: Kater Karlo. In der Kombüse: Kater Mikesch. Rettungswesten von »Hello Kitty«, Bootsausrüstung aus dem »Otto«-Katerlog.

Anzeigenblatt »der reporter« (Schleswig-Holstein)

Für ein nahezu pervektes Klangerlebnis!

Rendsburg (Schleswig-Holstein)

»Fak!«, schrie der Teehändler, als er die Bescherung sah.

Westerland auf Sylt (Schleswig-Holstein)

Rollläden mit Cham

(epr) Rollläden sind weitaus mehr als nur ein Sonnenschutz.

Cham in der Oberpfalz ist weniger für seine Rollläden bekannt als für seinen bayerischen Charme.

»Neuwieder Rundschau« (Rheinland-Pfalz)

IN KÜRZE

Ast dolomiert Auto

Götzenhain (klg) ▪ Das Sturmtief „Olivia", das Mittwochabend über weite Teile Hessens hinwegfegte, hinterließ seine Spuren auch in Götzenhain. Gegen 21

Der Baum stammte offenbar aus den Dolomiten.

»Offenbach-Post«

Hinterher sah die Leitplanke aus wie frisch gephotoshopt.

»Mitteldeutsche Zeitung« (Sachsen-Anhalt)

In der Regel arbeitete Redakteur Klopke sehr akribisch. In letzter
Zeit aber kam es häufiger vor, dass seine Gedanken in die Ferne
schweiften.

Aus dem Branchenblatt »VDI Nachrichten«

Zu ihrer lang ersehnten Kur im schönen Korret fuhr Mini, die
Pocket Mouse, auf ihrem flotten Roller.

Bürofachmarkt »Staples« in Gladbeck (Nordrhein-Westfalen)

Ideal für Kwallenfische und Kwastenflosser.

Anzeige auf lokalisten.de

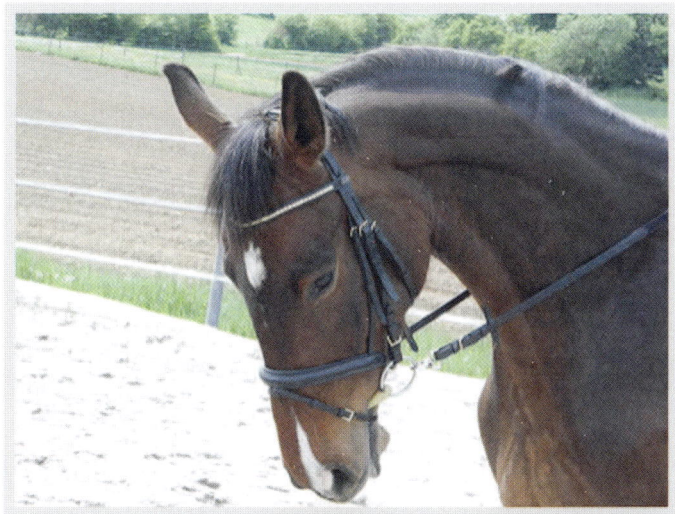

Braune, vierjährige Stute. Gibt ihrem Reiter immer ein gutes Gefühl. Super zuverlässig im Gelände. Für den abizonirten Freizeitreiter. Tolles Familienpferd. Schonend angeritten und dem Alter entsprechend ausgebildet. In der Gruppe mit viel Weidegang aufgewachsen. Stockmaß von ca. 1.70 m.

Für dieses prächtige Pferd benötigen Sie kein Reiterdiplom. Ein Abi aus der Zone reicht völlig.

Anzeige auf kalaydo.de

> Disternich ist ein edüllisches kleines Dorf mit vie
> Das Dorf erstreckt sich über eine Fläche von ca. 45
> Die ortsansässigen Firmen und Vereine tragen sehr zu

Wir befinden uns im Jahre 50 v. Chr. Ganz Disternich ist von den Edüllern besetzt.

www.disternich.de

Von Männlein und Weiblein

»Wann ist ein Mann ein Mann?« Diese Frage stellte sich der Sänger Herbert Grönemeyer in seinem Lied »Männer« bereits im Jahre 1984. Seitdem ist die Selbstdefinition für den Mann nicht gerade einfacher geworden. Die Frau hat ihm so manche Domäne abgetrotzt. Der Kampf der Geschlechter hat unsere Gesellschaft verändert – und damit auch unsere Sprache. Wer heute den richtigen Ton anschlagen will, muss dabei auch die Tönin treffen.

Als Verstärkung für unsere Angestellterinnen …

Bekleidungsgeschäft in München

Im Leben einer Frau gibt es drei wichtige Männer: für die Auto-
reparatur den Monteuriner, für den Unterhalt den Bankeriner
und für das gute Aussehen den Friseuriner.

Friseursalon in Berlin

Das sind Miss und Mister Berlin

BERLIN Diese beiden haben allen Grund zu strahlen: Eda ▓▓▓▓ (23) und Robert ▓▓▓▓ (25) sind im Einkaufs-Center Gropius-Passagen zu „Mister und Miss Berlin 2008" gewählt worden. Die beiden haben sich damit für die Miss Germany Wahl im kommenden Jahr qualifiziert.

Vor allem Robert hat gute Chancen auf den Titel.

Aus der »Hamburger Morgenpost«

38819
Braut im Spitzenkleid
Bride lace

39067
Braut mit Anzug
Groom in suit

papo

Schaut nur, Leute! Sind sie nicht heiß, die Bräute?

Aus einem Prospekt des französischen Spielfigurenherstellers »Papo«

Bürokauffrau

Ingenieurbüro für techn. Gebäudeausrüstung sucht ==Bürokauffrau (m/w)== zum 01.07.2012 in Vollzeit. Neben der Büro- und Reiseorganisation ist die Vorbuchhaltung Tätigkeitsschwerpunkt. Wir erwarten Team- und Organisationsfähigkeit sowie den sicheren Umgang mit MS-Office. Ihre Bewerbung senden Sie bitte bis

Das Geschlecht ist zweitrangig. Hauptsache, es ist eine Frau.

Anzeige aus der »Berliner Zeitung«

… und außen mit Charme!

www.feinkost-schirnhofer.at

Abschied von der Ausbildung

16 junge Menschen und Frauen bestehen die Prüfung für Bankkaufleute in Alfeld

Frauen sind eben was ganz Besonderes!

»Hildesheimer Allgemeine Zeitung« (Niedersachsen)

Jeder vierte Richter krank oder schwanger / Seite 9

Göttinger Tagebla

Niedersächsische Morgenpost • Göttinger Zeitung seit 1889

Wie bei den Seepferdchen: Während die Richter die Kinder aus-
tragen, erledigen die Richterinnen die Arbeit.

Aus dem »Göttinger Tageblatt«

> kum fasziniere sie. „Weil ich kein Englisch spre-
> che, müssen wir uns mit Händen und Füßen ver-
> ständigen." Das funktioniere aber sehr gut. Früher
> hat die Witwerin immer zusammen mit ihrem Mann
> gefeiert. Nun stoße sie mit ihrer Tochter an. Aber

Als sie noch zusammen mit ihrem Mann feiern konnte, war sie
selbstverständlich noch keine Witwerin, sondern Ehefrauerin.

»Berliner Zeitung«

118

Wir suchen zum 01.04.2010 oder später für
eine Wohngruppe im stationären Bereich/
Wohngemeinschaften

**1 HeilerziehungspflegerIn / ErzieherIn /
KrankenschwesterIn** (75 % RAZ)

Da die Endung »-er« offenbar männlich ist, muss sie aus Gründen der Gerechtigkeit um ein »-in« ergänzt werden. Das macht
inzwischen jederin so.

Stellenanzeige in der »Berliner Zeitung«

Gemäß einer neuen EU-Bestimmung muss auf Fleischverpackun-
gen das Geschlecht jetzt immer mit angegeben werden.

Aus einem »Niedrig Preis«-Prospekt

Befehlen will gelernt sein!

»Versprech mir, dass du heute keine Spiegeleier machst!«, verlangt der Vater in der Komödie »Kokowääh« von seiner Tochter. Und weil sie nicht gleich reagiert, setzt er noch einmal nach: »Hallo! Versprech's!«

Diese Szene wird gern zitiert, wenn es um Sprachverfall am Beispiel des Imperativs geht. Der Film war immerhin ein großer Erfolg; drei Millionen Zuschauer haben »Hallo! Versprech's!« gesehen. Viele davon wünschten sich, dass die Tochter erwidert hätte: »Ich versprech's unter einer Bedingung: Sprich bitte richtig!«

Einst hieß es: »Hilf dir selbst, dann hilft dir Gott!«. Dann kam der Igel und schuf eine neue Ordnung.

Aus einem Werbeprospekt der Drogeriekette »Müller«

Werbung

Oder bewirb dich woanders!

Internet-Werbung einer Bäckereikette

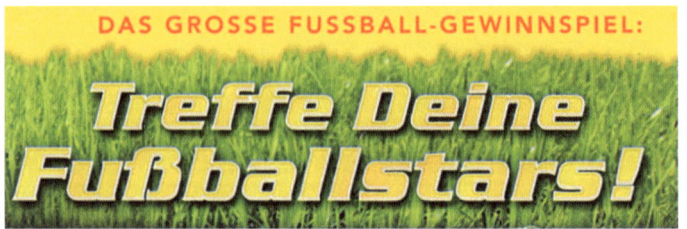

Und morgen ein weiteres großes Gewinnspiel: Triff den richtigen Imperativ!

Verpackung einer Tiefkühlpizza

Wenn's nicht klappt, dann verwirf, baue um und gestalte neu!

Aus einer »Lidl«-Werbung

Ob mit Apostroph oder ohne, ist in diesem Fall völlig Banane.

Aushang in einem »Edeka«-Markt in Obernkirchen (Niedersachsen)

Die Adresse »Wirf-mich-ein.de« ist noch zu haben.

Sein oder nicht sein – das ist hier buchstäblich die Frage.

Handzettel für den Rosenmontagszug in Ranies (Sachsen-Anhalt)

Die Studie »Lässt sich die Sprachkompetenz durch Kiffen er-
höhen?« führte bislang noch nicht zu den erhofften Ergeb-
nissen.

Derbyplatz im Hamburger Stadtteil Klein Flottbek

Das Gebot vieler Eltern »Tritt niemals in eine Spielhalle!« wusste
dieser Unternehmer geschickt außer Kraft zu setzen.

Straßenwerbung einer Spielothek in Hannover

Hurra, Papa,

Du wirst heut **50 Jahr,**
drum feier schön und sei recht
heiter und vergesse nie:
die Welt, sie dreht sich weiter!

Alles Gute, viel Freude und viel
Glück wünschen Dir

Heiter dreht die Welt sich weiter. Eines aber ist gewiss: Aus
»vergessen« wird »vergiss!«.

Anzeige aus der »Schwäbischen Post«

Bei diesem Blumenhändler erhält man obendrein noch nützliche
Tipps zur Bewässerung.

Berlin

Wem die Stunde schlägt

In Kindertagen zog man einander gern mit der albernen Frage auf: »Was ist das? Es hängt an der Wand, macht ticktack, und wenn es runterfällt, ist die Uhr kaputt.« Dann wurde man größer und erkannte: Der sprachliche Umgang mit der Uhr ist kein Kinderspiel. Seit Urzeiten bereiten die Uhrzeiten Probleme. Manchmal tickt die Rechtschreibung nicht richtig, dann schlägt es 13 und Alltägliches wird plötzlich uhrkomisch.

DIE GIGANTEN DER UHRZEIT IM MARKET

Die große Dinosaurier-Ausstellung im market Einkaufszentrum vom 13. September bis 9. Oktober 2010.

Die Ausstellung „Giganten der Urzeit" geht fast 250 Millionen Jahre zurück und zeigt die Entwicklung der Dinosaurier vom Karbon bis zur Kreidezeit. Die kleinsten Modelle sind ca. einen Meter lang, die größten erreichen eine Körperlänge von knapp 27 Metern.

T-Rex sah auf seine Armbanduhr und rief: »Oh, ich muss los! Im Einkaufszentrum warten sie schon auf mich. Und ein Dino ist immer pünktlich!«

Werbung in einem Bamberger Kulturkalender

In den Hauptrollen: Kuckucksuhr und Radiowecker.

Maxim-Gorki-Theater, Berlin

Altes Kinderbett , <u>Uhraltes Möbelstück</u>. Sammelstück Mobiliar <u>aus Uhromas Zeiten.</u>

Artikelzustand: --
"*Verkaufe den Artikel als restaurierbedürtigt obwohl nicht viel zu tun ist an dem schönen Stück.*"

Preis: **EUR 80,00**   Sofort-Kaufen

Preisvorschlag: Preisvorschlag senden

👁 Auf die Beobachtungsliste
★ Zur Kollektion hinzufügen

100% positive   Kostenlose   Verkäufer akzeptiert
Bewertungen   Abholung   Preisvorschlag

Ein Sammlerstück aus alten Tagen, als Menschen und Möbel noch verlässlich wie ein Uhrwerk funktionierten ...
Kleinanzeige auf ebay.de

Wannenthermostartahm-artuhr
fast neu, 25 Euro, Tel. 05136-

Endlich hatte Jochen eine Uhr gefunden, mit der er bei seinen Kollegen Eindruck schinden konnte. Neben tollen Eigenschaften wie Wannentauglichkeit und Wärmeleitung verfügte sie über eine Start-Funktion und eine Art-Design-Nachahmung.
Kleinanzeige in der »Neuen Woche« Burgdorf (Niedersachsen)

Die Uhr dient nur als Lockmittel. Tatsächlich will hier jemand seine Mutter loswerden und obendrein noch seine Hausbar auffüllen.

Kleinanzeige auf stilbruch.de

Die rettende Anlaufstelle für klamm gewordene Bordellbesitzer.

Briefkastenwerbung aus Schwanden bei Brienz (Schweiz)

Toll: Bei »McDonald's« hängt jetzt eine Uhr an der Wand, die kann man rundum genießen, und das auch noch 24 Stunden täglich, also rund um die Uhr.

Ostbahnhof Berlin

»Der Tag müsste 36 Stunden haben«, seufzt so mancher viel beschäftigte Mensch. Dieser Gastwirt wagte sich immerhin schon mal um zwei Stunden vor.

Kühlungsborn (Mecklenburg-Vorpommern)

Frau zur Hilfe. Dadurch gestört, ließ der Unbekannte die Handtasche fallen und flüchtete in Richtung Rheydter City. Die Fahndung blieb erfolglos. Der Täter ist 25 bis 30 Uhr alt, etwa 1,70 Meter groß. Er hat kurze dunkle Haare. Er trug eine dunkelblaue Jacke und eine Jeans. Hinweise an Telefon 02161 ▮

Sie nannten ihn »die Eintagsfliege«.

Aus der »Rheinischen Post«

ssaal A...

lter: Stadt- und Kreisbibliothek A...

8,00 € / erm. 6,50 Uhr

Tourist-Information Arnstadt, Bib...
online: www.herbstlese.de

Um zehn vor sieben kam der Kartenvorverkauf auf einmal richtig in Schwung.

Aushang in Arnstadt (Thüringen)

Heute im TV

Wo wird der Pastor mit einem Mann verkuppelt? Wo tanzt Semino Rossi gleichzeitig auf zwei Hochzeiten? Wo ist Sophia Loren ein Mann und Matthias Schweighöfer eine Frau? Und wo werden gute Filme durch Wiederholungen zu schlechten? Natürlich nur hier – in Ihrem Fernsehprogramm!

20.15 ORF 2 ARD **Heute fängt mein Leben an**
Komödie Christiane Hörbiger startet neu durch

Hedi könnte einen Mann gebrauchen, warum nicht der Pastor?

Lieber Herr Pastor, bitte erklären Sie uns doch, warum Sie keinen Mann gebrauchen können. Weshalb sollte, was für Hedi gut ist, nicht auch Ihnen gefallen?!

»TV-Media«

15.05 Sturm der Liebe 1.618.426
Telenovela (1105/D 10)
Barbara ist in Halbachtstel-
lung. Octoir provoziert Lukas.
Michael steckt im Zwiespalt.
Eva karikiert Robert. **50 Min.**
■ Mit Sepp Schauer, Joachim Lätsch

15 Minuten später war Barbara bereits in Viertel-vor-acht-Stellung.

»tv Hören und Sehen«

Wetten, dass ..?

Spiel und Spaß mit Thomas Gottschalk und Michelle Hunziker

20.15 bis 22.45 (150 Min.)

Die Wettpaten: Wladimir Klitschko, Boxweltmeister Sophie Loren, Hollywood-Legende und zweifache Oscar-Preisrägerin Matthias Schweighöfer, frisch gebackener Preisträger der „Goldenen Kamera" und neuer Topstar des deutschen Films Inka Bause, Moderatorin, Schauschpielerin und Sängerin Kevin Costner, Oscar-Preisträger, Produzent und Regisseur Die Showacts: Die Kultrock-Band „KISS", zum ersten Mal zu Gast bei „Wetten, dass..?" „Jan Delay" mit seiner Band Disko No. 1 „Pet Shop Boys", das erfolgreichste Pop-Duo der 80er Jahre

In Zeiten ohne Punkt und Komma konnte »Wetten, dass ..?« noch mit so illustren Gästen aufwarten wie mit dem Boxweltmeister Sophia Loren und der Oscar-Preisträgerin Matthias Schweighöfer.

www.texxas.de

TIPP DES TAGES *Tatort: Altlasten*

→ **20.15 Das Erste** Die 750. Folge der beliebten ARD-Krimi-Reihe: Der Tod des über 80-jährigen Willy Schubert kam nicht überraschend. Doch ein aufmerksamer Amtsarzt entdeckt, dass Schuberts Tod von einer Medikamentenvergiftung verursacht wurde. Nun müssen die Kommissare Lannert (Richy Müller, Foto mit Bibiana Zeller) und Bootz (Felix Klare) innerhalb der trauernden Familie ermitteln ... Der irische stämmige Regisseur Eoin Moore inszenierte einen spannenden Stuttgarter Fall, bei dem auch unangenehme Themen wie Altersdemenz angesprochen werden. **bis 21.45 Uhr**

Warum neben der Herkunft auch die Statur des Regisseurs Erwähnung verdient, bleibt rätselhaft.

»prisma«

18.00 hundkatzemaus 6-032-454
Tier-Magazin — Happy
Birthday „hundkatzemaus"!
10 Jahre und 500 Folgen:
Diana Eichhorn und der
Fernsehtierarzt Dr. Wolf bli-
cken gemeinsam zurück.

Wo sagen sich Fuchs und Hase Gute Nacht? Dort, wo Wolf und
Eichhorn gemeinsam durchs Programm führen!

Augen wie Nachtsichtgeräte, Ohren wie
Richtmikroskope und lautlose Fluggeschwin-
digkeiten von 50 km/h - Eulen sind Wunder-
werke der Natur. Selbst im dichten Schnee-
treiben finden sie noch Beute. Denn

Diese Eulen sind in der Tat ein Wunder. Wenn sie die Ohren zum
Vergrößern nutzen – womit hören sie dann eigentlich?
»tv Hören und Sehen«

Im Reich der Tauben

Samstag, 12. Februar, 18.20 - 18.50 Uhr

Die Taube als Rennpferd des kleinen Mannes
ist längst der Porsche des wohlhabenden
Chinesen. Die hier und heute-Reportage
erzählt die erstaunliche Reise von Heinz

Die Metapher als Stilmittel des Schriftstellers ist längst das Salz
in der Suppe des viel schreibenden TV-Redakteurs.
www.wdr.de

Hessen hr	RBB rbb
19.00 Familie Heinz Becker Comedyserie (D 6-599-527 95) Hilde fährt in Kur	**19.00 Kowalski trifft Schmidt** Magazin 9-338-898
19.30 Hessenschau 6-598-898	**19.25 wetter** 3-792-072
20.00 Tagesschau 1-135-362	**19.30 Regionales** 6-585-324
	20.00 Tagesschau ☑ 1-139-188
MUSIKALISCHE REISE	MUSIKALISCHE REISE
20.15 Semino Rossi: Ich bin wieder da 8-681-121	**20.15 Semino Rossi:** 8-618-275 **Ich bin wieder hier**
Wahl-Österreicher Semino Rossi liebt seine Heimat Argentinien	Sohn eines Sängers und einer Pianistin: Semino Rossi (49)

Dieser Mann ist ein wahrer Tausendsassa. Mal hier, mal da, und das auch noch gleichzeitig auf zwei Kanälen!

»tv!top«

FERNSEHEN

ZDF

Neue ZDF-Reihe "Ripper Street" ist ein viktorianisches "CSI"

Essen. Düster, düsterer, London. So soll es zumindest in der Ära von Jack The Tripper gewesen sein. Die britische Serie „Ripper Street" nimmt das Thema auf und inszeniert es zeitgemäß. Und das ZDF lässt sein Publikum daran teilhaben – kurz vor Mitternacht.

Trotz des massiven Einsatzes von Antibiotika treibt der hinterhältige Schurke noch heute sein Unwesen.

www.derwesten.de

22.30 Terminator 433-054
Sci-Fi-Actionthriller, USA 1984
Regie: James Cameron.
Eine Killermaschine (Arnold
Schwarzenegger) wird 2029 in
das Jahr 1984 geschickt. Der
Auftrag: Sarah Connor (Linda
Hamilton) soll getötet werden.
Andernfalls wird sie den Mann
gebären, der die Menschen in
der Zukunft im Kampf gegen
die Roboter anführt… →132

0.30 Terminator 5-127-920
Sci-Fi-Actionthriller, USA 1984
(Wh. von 22.30 Uhr) →134

Ein und derselbe Film – zwei
völlig unterschiedliche Bewertungen. Hier gilt offenbar die Devise des römischen
Dichters Horaz: »Bis repetita
non placent« (»Wiederho-
lungen gefallen nicht«).

»tv Spielfilm«

Kennen Sie sich mit Hollywood-Legenden wie Brandon Marlo,
Freddy Honda, Nick Jackolson und East Clintwood aus? Dann
können Sie morgen gleich beim Sat.1-Videotext anfangen!

Finden Sie Ihre Traum- wohnung!

Sie suchen eine Wohnung zu ebener Erde im ersten Stock? Sie bevorzugen eine Umgebung, die freundlich zu Barrieren ist? Was immer Sie wünschen: Wir erfüllen Ihre Wohnträume! Auch fürs schmale Portemonnaie haben wir verlockende Angebote: Mieten Sie sich in einem geräumigen Einbauschrank ein. Oder machen Sie es sich auf einer Matratze in Ihrer »Aldi«-Filiale bequem.

Zugegeben, es besteht ein gewisser Renovierungsbedarf, aber wer wird denn kleinlich sein? Sie wissen doch: Was zählt, ist erstens die Lage, zweitens die Lage und drittens die Lage!

Linz an der Donau (Österreich)

Roland W. wohnte seit mehr als zehn Jahren in einer Ein-Zimmer-Wohnung im Seitenflügel in der Simon-Dach-Straße in Friedrichshain. Jetzt sollte der Mann ausziehen. Die Zwangsräumung war für Montag festgelegt.

Die Parterrewohnung im ersten Stock gehört einer 66 Jahre alten Frau und deren gleichaltrigem Mann. Sie hatten die Zwangsräumung beantragt. Die Gerichtsvollzieherin war für 10 Uhr bestellt worden. Roland W. wollte nicht ausziehen. Eine Viertelstunde vorher packte er seinen Seesack. Er zer-

Manchmal kann es vorkommen – nach einem Erdrutsch zum Beispiel –, dass sich die Nummerierung der Stockwerke plötzlich ändert.

Aus der »Berliner Zeitung«

»Großartig«, rief der kleine Parasit, »die nehme ich! Der Platz reicht für eine ganze Kolonie!«

Schaufenster in Gütersloh

Nicht jede Wohnlandschaft erfüllt automatisch irgendeine Funktion. Viele sind im Grunde vollkommen nutzlos.

Möbelgeschäft in Bremen

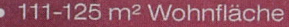

- 111–125 m² Wohnfläche
- sehr großzügige Aufteilung
- Wohnen auf 1 Ebene
- Komfort-Ausstattung
- selten ruhige Lage
- ideale Himmelsrichtung
- seriöser Bauträger seit 1964

In dieser Lage ist es zwar nur selten ruhig, dafür ist der Bauträger seit 1964 seriös. (Was er davor getrieben hat, wollen wir lieber nicht wissen.)

Sereetz (Schleswig-Holstein)

Anhand dieses Vorher-nachher-Vergleichs lässt sich das plötzliche Auftreten von Depressionen und Klaustrophobien erklären, unter denen einige frisch Renovierte leiden.

Aus dem Prospekt einer Baustofffirma

Hier ist man besonders nett zu Stufen, Absätzen, Schwellen und anderen Hindernissen.

Lauf an der Pegnitz (Bayern)

Ein Traumhaus - unser Haus Lieskau mit seiner bestechlichen Architektur ist auf jedem Grundstück eine wahre Augenweide. Durch die gelungene Aufteilung der ca. 133 m² Wohnfläche bietet der Innenraum viel Platz zum Leben. Ein durchdachter

Dass Korruption im Baugewerbe gang und gäbe ist, weiß man ja; aber dass damit sogar geworben wird, ist neu.

Von der Internetseite einer Baufirma in Halle an der Saale

Jübek/bei SL, 2 Fa.-Haus 1 Liga Whg., orts-rand, 140 m², 2 VB, Keller, Garagen, großer Garten, Tierh. möglich, renoviert, nur an solvente Mieter ab 01.07.13, KM € 825,-; Kaufoption, bitte k. Makler! Z92632 HA

Sie wollen zur High Society von Jübek (bei Schleswig) gehören? Mit dieser Einliegerwohnung gelingt Ihnen der Aufstieg in die erste Liga!

Aus dem »Hamburger Abendblatt«

Die Wohnraumsituation in der Schweiz hat sich deutlich entspannt, seit die Untervermietung von Einbauschränken erlaubt ist.

Von der Internetseite der Stadt Lenzburg (Schweiz)

Seit Kurzem bietet »Aldi« in diversen Filialen auch Übernachtungsmöglichkeiten an. Die Ausstattung ist bewusst karg gehalten und soll vor allem ein studentisches Publikum ansprechen.

Aus einem Internetprospekt von »Aldi Süd«

146

Provisionsfrei mit Balkon! Springen Sie in ein neues Leben!

Scout-ID: ▓▓▓▓▓ ▓▓▓ ▓▓▓▓ ▓▓▓▓▓▓▓▓▓▓ ▓▓▓ ▓▓▓▓▓▓▓▓

Adresse
▓▓▓▓ ▓▓▓▓▓▓ ▓
▓▓▓▓ ▓▓▓▓▓▓▓ ▓▓▓▓▓▓▓

Objektdetails

Kaltmiete:	**330,00 EUR**
Nebenkosten:	+ 70,00 EUR
Heizkosten:	+ 70,00 EUR
Gesamtmiete:	**= 470,00 EUR**

Kowalski konnte sein Glück kaum fassen: Endlich konnte er sein altes Leben mit einem Sprung vom Balkon stilvoll beenden. Und das auch noch provisionsfrei.

Anzeige eines Dortmunder Immobilienverwalters

Service - Büro
Immobilienvermittlung - Finanzierungen - Ver
Immobilienbewertung - Hausverwaltur

Immobilienverkauf
Sie haben eine Immobilie zu verkaufen?
Der Verkauf der eigenen Immobilie gestaltet sich für den einzelnen oft langwierig ur nervenaufreibend, das Annoncieren ist teuer. Überlassen Sie es uns, einen geeign Wir verfügen über eine umfangreiche Kundenkartei und stehen in ständigem persö Kaufinteressenten. <u>Wir begleiten den Verkauf bis zum Notarzttermin</u>. Wir vermitteln

Nachdem ihm zwei seiner Kunden angesichts der Gesamtkosten zusammengebrochen waren, sah sich Makler Wucherpfennig gezwungen, sein Serviceangebot zu erweitern.

Von der Internetseite eines Immobilienunternehmens aus Stadtoldendorf (Niedersachsen)

Lauter Spezialisten

Allen Pisa-Studien zum Trotz ist Deutschland nach wie vor das Land der Experten, Mehrwisser und Besserkönner. Überall wird professionell gearbeitet, oder wenigstens »profesionell«. Kompetenz wird in der Regel großgeschrieben, manchmal sogar mit einem »s« am Ende. Deutsches Spezialistentum erkennt man oft schon von Weitem an seiner »spezihellen« Beschriftung.

Rechtschreibung ist beim Posterdruck meistens Glückssache, manchmal sogar ein feselndes Abenteuer!

München

»Verkaufen wird bei uns großgeschrieben«, erklärte Makler Maier seinem Werbefachmann. Der nickte und fragte: »Und wie wird Kompetenz bei Ihnen geschrieben?«

Ottmarsheim (Baden-Württemberg)

- ◊ 2 Jahre Gewährleistungsgarantie
- ◊ Qualitätprodukte
- ◊ Umfangreiches Lieferprogram
- ◊ Kompotente Beratung

Typisch männlich gedacht: lieber kompotent als impotent!

www.motorco.at

Diese Anzeige wird Ihnen präsentiert mit freundlicher Unterstützung von Motorola.

Werbung im Ortsanzeiger »14 Tage Nörten« (Niedersachsen)

AUTOBESCHRIFTUNGKOELN.DE
BESCHRFITUNG + FOLIE + TEXTILDRUCK
Tel.:

Mit der Zeit häuften sich die Klagen unzufriedener Kunden. Ein Beerdigungsunternehmer beanstandete die Aufschrift »Bestt-taungen«, eine Reinigungsfirma den Schriftzug »Reigniung« und ein Lebensmittellieferant das Wort »Lesbenmittel«. Auf die Vorwürfe angesprochen, schimpfte der Lackierermeister auf die »kleinkraierten Esbrenzähler!«.

Schaufensterwerbung in Köln

kleinichkeiten-notdienst
24 stunden
tel.

Bekannt aus dem Trickfilm »Klein Ich – einfach unverbesserlich«.

Autobeschriftung eines Hamburger Dienstleisters

Dieser Doktorand macht seinen Doktor offensichtlich nur am Rand.

Kleinanzeige aus dem »Böblinger Boten« (Baden-Württemberg)

Nicht alle können Profis sein, darum muss man sich hin und wieder ein paar Laien leihen.

Aus der »Saarbrücker Zeitung«

Dem Ingeniör ist nix zu schwör – er bastelt, schraubt und repariert – und buchstabiert ganz ungeniert.

Firmenschild in Erlangen

Und unsere Grammatik spricht für sich. Bleibt die Frage: Was spricht für uns?

Flugblatt aus Würzburg

Wenn Spezialisten Schluckauf haben ...

Autobeschriftung eines Dienstleisters in Neuss

Unser Angebot:
- **Klavierunterricht**
- **Musiktheorie**
- **Mahlunterricht**

Unser Versprechen:
- **Hochqualifizierte Lehrer**
- **Günstige Preise**

In einer nicht unumstrittenen Reform war die Ausbildung von Musikern und Müllern zusammengelegt worden.

Musikschule in Krefeld

Personalchef Wegner hatte sich über die zahlreichen Bewerbungsfotos hochschwangerer Frauen im Brautkleid schon sehr gewundert. Zunächst hatte er es für einen Beweis weiblicher Multitaskingfähigkeit gehalten – bis er beim Einkaufen zufällig dieses Schild entdeckte.

Aufsteller eines Fotogeschäfts in Hamburg

Als sie merkten, wie ihnen der Boden unter den Füßen davonfloss, bereuten die Hähnleins, dass sie sich nicht für Parkett entschieden hatten.

Viersen (Nordrhein-Westfalen)

Der Elefant hatte dazugelernt: »Ich zerschlage diesmal nur ein r«, versprach er dem verängstigten Porzellanladenhüter.

»Toom«-Markt in Raunheim (Hessen)

Wie in dem Lied »Marmor, Stein und Eisen bricht« wirkt der Marmor auch hier schon etwas angeschlagen.

»Toom«-Baumarkt in Kelkheim am Taunus (Hessen)

Das beliebte Shop-im-Shop-System hat inzwischen auch die Getränkemärkte erreicht.

Singen (Baden-Württemberg)

Voll verrechnet

Rechtschreibung und Zeichensetzung machen nur die eine Seite der Medaille unserer kognitiven Glanzleistungen aus. Auf der Kehrseite stehen Addition und Subtraktion. Denn auch im Rechnen sind wir Meister. Einige geraten schon beim kleinen Einmaleins ins Straucheln, so wie jener Gerichtsmediziner, der beim Freitod des russischen Oligarchen Boris Beresowski die »Beteiligung einer dritten Person« ausschloss.

Die folgenden Rechenexempel zeigen, dass Drei auch mal Vier sein kann und dass Minus längst nicht immer das Gegenteil von Plus sein muss. Sie werden staunen hoch zehn!

Ich leg noch einen drauf: Wenn Sie vier nehmen, dürfen Sie sogar für sieben zahlen! Na, was sagen Sie?

Blumengeschäft in Bad Salzuflen (Nordrhein-Westfalen)

Dieses famose Trio ist buchstäblich über sich hinausgewachsen.

CD-Cover

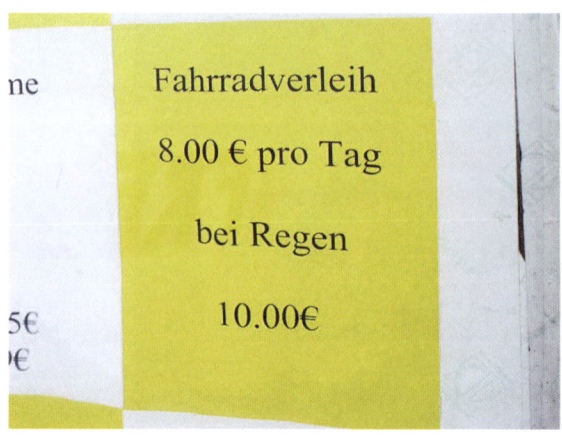

Fahrradverleih

8.00 € pro Tag

bei Regen

10.00€

Um seine rege gebrauchten Räder vor Regengebrauch zu schützen, setzte Fahrrad-Verleihnix auf Kundenabschreckung.
Berlin-Köpenick

tet worden. Vor allem die ehemalige Lehrerin Gisela H   sowie der Fotograf Hubert S   hatten maßgeblich Anteil an der Entstehung des mehr als 70 Zeilen umfassenden Buches. Die facettenreiche Geschichte der Stadt im Geiseltal ist ausschlaggebend dafür, dass die Vereinsmitglieder immer wieder auf interessante Informationen über Mücheln stoßen. Geschichts-

Nicht zuletzt aufgrund des sparsamen Textaufkommens fand das Buch auch unter Lesemuffeln großen Anklang.
»Mitteldeutsche Zeitung« (Sachsen-Anhalt)

Lassen Sie sich nicht täuschen. Eine durchgestrichene Zahl macht noch keine Preissenkung!

Angebot eines »Rewe«-Markts in Albstadt (Baden-Württemberg)

Um hinterher sagen zu können, sie seien bei der Eröffnung dabei gewesen, nahmen die Kunden der neuen »Ikea«-Filiale einiges in Kauf.

Köln-Godorf

Raffinierter Versuch, neureiche Eltern zu ködern.

Internetprospekt der Firma »Spiel & Freizeit Nagel«

Wiener Luxus auf Rädern

Über die Fernbedienung lässt sich auch die Gangway und die **Dachterrasse** ausfahren. Soviel Luxus hat freilich seinen Preis. Rund **2.000.000 Millionen Euro** muss man für das Überdrüber-Campermobil ausgeben.

Anders ausgedrückt: 2 Billionen Euro. Das entspricht in etwa der Höhe der Staatsverschuldung der Bundesrepublik Deutschland. Sollten Sie zufällig die Kanzlerin in diesem Camper Urlaub machen sehen, wissen Sie wenigstens, woher unsere Schulden kommen.

www.kurier.at

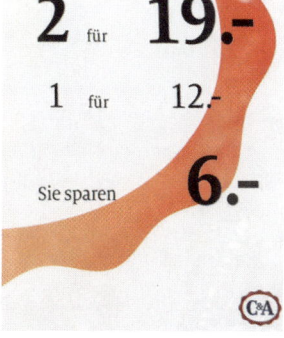

Die Buchstaben »c« und »a« die-
nen bekanntlich als Abkürzung
für »circa«.

Schaufenster einer »C&A«-Filiale in
Braunschweig

Die Abkürzung UVP steht hier für »Unbezahlbarer Vorher-Preis«.
Aus dem Prospekt eines Elektromarkts in Neuötting (Bayern)

Ein Glück für alle, denen es gerade die Sprache verschlägt, denn
in Worten ist dieser Gutschein nur noch die Hälfte wert.

Das muss
ich haben!

Sie haben genug vom alltäglichen Warenangebot? Die immer gleichen Auslagen öden Sie an? Sie sind auf der Suche nach dem Ausgefallenen, dem Besonderen, dem Einmaligen? Hier finden Sie Kaufempfehlungen, die Herkömmliches in einem völlig neuen Licht erscheinen lassen. Ob Rasenmäher, Pfannensets, Waschmittel oder Gießkannen – jedes unserer Produkte ist eine Versuchung, ein Abenteuer, ein Erlebnis.

Schluss mit gewöhnlichem Toilettenpapier! Erleben Sie das erhebende Gefühl einer klanglich veredelten Version.

»Real«-Markt in Berlin-Wedding

Der ideale Begleiter fürs Badevergnügen im Spa – das Schwein. Jetzt auch als Ente.

»Thalia«-Buchhandlung in Bad Oeynhausen (Nordrhein-Westfalen)

An Frühlingstagen, sonnig und heiß,
Bestellt so manche durstige Geiß
Im Gartenlokal »Zum schattigen Tännchen«
Ein kühles Getränk – natürlich im Kännchen.

»Mäc-Geiz«-Filiale in Nienburg an der Weser (Niedersachsen)

Wenn Sie es leid sind, ständig auf Rosen gebettet zu sein, dann finden Sie hier Abwechslung.

»Toom«-Baumarkt in Meppen (Niedersachsen)

Nachdem er schon so viele Mäher ausprobiert hatte, die sich fortwährend über seinen holprigen Rasen oder seinen ruppigen Mähstil beklagt hatten, fand Jerry endlich ein Gerät, das absolut genügsam war.

Angebot eines »Real«-Markts in Hamburg

Das meiste Zeug, was heute verkauft wird, ist stillos und geschmacklos. Doch nur in seltenen Fällen wird man als Verbraucher darauf hinge-wiesen.

Aufsteller vor einem Fahrradge-schäft in Cottbus (Brandenburg)

Schon geringe Mengen dieses weißen Pulvers genügen, und Sie sind voll wach. Wirkt außerdem vorbeugend gegen Hirnverkalkung.

»Edeka«-Markt in Kaiserslautern

Wird oft zusammen gekauft mit: Duschkabinendichtungen.

»Max Bahr«-Baumarkt in Mainz

Luchenis Attentat auf Kaiserin Sissi, Salieris Intrigen gegen Mozart – hier können Sie Stäbchen der Rache entzünden!

Andenkengeschäft in Wien

Durch Anhängen eines »d« konnte das Interesse an dem biederen Produkt in kürzester Zeit vervielfacht werden.

Matratzengeschäft in Berlin-Charlottenburg

Tefal Pro Touch 3-teiliges Pannenset

Auf Plattdeutsch, wo noch mit »Pott un Pann« gekocht wird, käme dieses Angebot gut an. Auf Neudeutsch ist es allerdings »voll Panne«.

www.ibood.com

Für alle, die ohne Hilfsmittel nicht mehr in Fahrt kommen.

www.autoteilemann.de

Der Traum eines jeden Strafverteidigers. Wählen Sie 0800 und erwirken Sie noch heute für Ihren Mandanten kostenlos einen sofortigen Freispruch!

Aus einem »Real«-Markt-Prospekt

Diese Fritteuse bereitet in wenigen Minuten leckere Pommes und bringt einen außerdem mit ihrem Gebläse gehörig in Wallung.

Aus einem »Toom«-Markt-Prospekt

Zusammen oder auseinander?

Kein Bereich der Rechtschreibung ist von so viel Verunsicherung gekennzeichnet wie die Zusammenschreibung. Man schiebt es gern auf die Rechtschreibreform, doch die tat nur ein Übriges. Statt im Wörterbuch nachzuschlagen, verlassen sich heute immer mehr Menschen auf die Rechtschreibprüfung ihres Computers. Doch die kann nicht wissen, dass »Bauern Wecken« ein Gebäck und keine landwirtschaftliche Wachrüttelaktion ist und dass es beim »Außer Hausverkauf« nicht um Immobilien geht. So entstehen immer weitere Wort Lücken, die dem Geschriebenen nicht selten einen neuen (Un-) Sinn geben.

Die Geschäftsführung sucht eine Arbeiterin, und nett, wie wir sind, suchen wir mit!

Backwarengeschäft in der Berliner U-Bahn-Station Westhafen

Der Zauberspiegel sprach: »O Wurstkönigin, Ihr seid die delikateste hier! Aber Wurstwittchen, hinter Kochschinken und Speckstreifen, ist noch tausendmal delikater als Ihr!«

Katzenstreuen leicht gemacht! Mit diesem Streulöffel können Sie Ihre Katzen mühelos an jedem beliebigen Ort verstreuen. Zum Beispiel in Nachbars Garten oder im Wartezimmer einer Allergiker-Praxis.

Nachdem Auftauen wieder groß in Mode gekommen war …

»Real«-Markt in Wetzlar (Hessen)

Zahlbar mit bar Geld oder kredit Karte.

Bäckerei in Essen

Kein Scherz! Hier gibt es wirklich Haarverlängerung. In echt!

Friseursalon in Bremen

Die übermächtige Vorliebe für das große Z nahm bei Ladenbe-
sitzer Zacharias Zwillich mit der Zeit Zwanghafte Züge an.

Billig-Textilladen in Altenburg (Thüringen)

Meistens lautet das Gebot »Handy aus!«. Hier ist es anders:
Wer beim Verkauf mitmachen will, muss zunächst sein Handy
anschalten.

Import-Export-Geschäft im Berliner Stadtteil Prenzlauer Berg

177

Paraden bewegten Massen

Aber tausende Besucher zog es am Wochenende nach Lichtenstein - Helmnot Theater zog alle Register

Aber aufgepasst: Tausende Besucher sind nicht Abertausende.

Aus dem »WochenSpiegel« Chemnitzer Land (Sachsen)

Rechtschreibungsferne Fahrausbildung.

Riedenburg (Bayern)

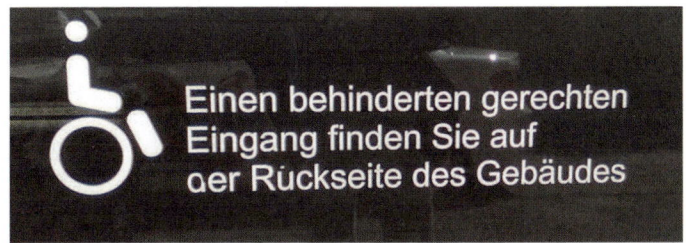

Einen behinderten gerechten Eingang finden Sie auf ᴑer Rückseite des Gebäudes

Am Ende war es gelungen, den Eingang nicht nur behindert, sondern auch gerecht zu gestalten.

Hauseingang in Fulda

*weitere Kosten

teltex

24

MONATE OHNE GRUND GEBÜHR

Da bleibe ich doch lieber bei meinem alten Anbieter. Da weiß ich jedenfalls, aus welchem Grund ich Gebühren zahle.

Werbung eines Mobilfunkanbieters

179

Neues aus Schilda

Ein jeder kennt die Geschichten der liebenswerten Schild-
bürger, die ihre Weisheit tarnten, indem sie sich besonders einfältig anstellten. Nicht weniger als sechs deutsche
Städte nehmen für sich in Anspruch, als Vorlage für Schilda gedient zu haben. Vermutlich kommen sogar noch
sehr viel mehr in Frage. Die Bereitschaft, Regeln aufzustel-
len und gleichzeitig ad absurdum zu führen, lässt sich re-
gional nicht eingrenzen. Schilda ist heute überall, und
täglich kommen neue Schildbürgerstreiche hinzu.

In unserer Fußgängerzone ist jede Menge los! Da kann man schon mal von einem Fahrrad überholt, von einem Motorrad geschnitten und von einem Auto überrollt werden.

Hauptplatz in Landsberg am Lech (Bayern)

Gemeint ist natürlich das andere Rechts!

Theater im Park in Bad Oeynhausen (Nordrhein-Westfalen)

Ein Schussel zu sein, bringt manchen Vorteil mit sich, zum Beispiel einen unkündbaren Arbeitsplatz als Fahrstuhlführer.

Krankenhaus in Berlin-Tempelhof

Hier hätte Jesus beim Versuch, übers Wasser zu gehen, in jedem Fall mit einer Anzeige rechnen müssen.

Goitzschesee in Bitterfeld (Sachsen-Anhalt)

Für ein vollständiges »Betreten« hat es nicht gereicht. (Zur Freude der Gans, die atheistisch ist.)

Stadtparksee in Hamburg

Auch Jogger müssen hier von Laufschwindigkeit wieder auf Gehschwindigkeit runterschalten.

Baustellenausfahrt in Darmstadt

Die Hühnchenbrust und der Schweinenacken blickten voller Neid, als das Filet Mignon an ihnen vorbei in die Parklücke schoss.

Fleischverarbeitungsbetrieb in Paderborn

184

»So ein Mist!«, schimpfte Captain Kirk vom Raumschiff »Enter-
prise«. »Das bedeutet wieder einen zeitraubenden Umweg
durch den Andromeda-Nebel.«

Magdeburg

Dabei hat die Koppel solch einen Hunger, dass sie in ihrer Ver-
zweiflung sogar schon das Schild angenagt hat.

Pfinztal-Berghausen (Baden-Württemberg)

Die Stadt war stolz auf ihre gefliesten Straßen. Als Nächstes sollte auf den Gehsteigen Parkett verlegt werden.

Ehingen (Baden-Württemberg)

Damit kann ja nun auch wirklich niemand rechnen.

Köln-Königsforst

Dachlawinen von Hunden sind ebenso unerfreulich wie übel riechend und auf öffentlichen Plätzen daher verboten.

Kitzbühel (Österreich)

Als man Familie Knabbernot beim Nägelkauen erwischte, wurde sie sofort des Geländes verwiesen.

Sommerrodelbahn in Malchow (Mecklenburg-Vorpommern)

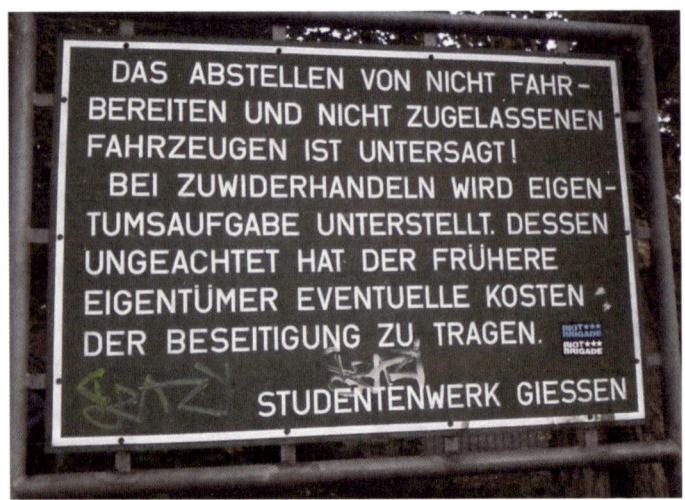

DAS ABSTELLEN VON NICHT FAHR-
BEREITEN UND NICHT ZUGELASSENEN
FAHRZEUGEN IST UNTERSAGT!
  BEI ZUWIDERHANDELN WIRD EIGEN-
TUMSAUFGABE UNTERSTELLT. DESSEN
UNGEACHTET HAT DER FRÜHERE
EIGENTÜMER EVENTUELLE KOSTEN
DER BESEITIGUNG ZU TRAGEN.
            STUDENTENWERK GIESSEN

Bevor Hildegard das Schild komplett gelesen und in all seiner Komplexität begriffen hatte, war ihr TÜV längst abgelaufen.

Studentenwohnheim in Fulda (Hessen)

Bei Trauungen:
Bitte Aschenbecher
benutzen!
Bitte keinen Reis werfen!

Hochzeiten im 21. Jahrhundert: Statt mit Reis wird das Brautpaar mit Aschenbechern beworfen.

Schloss Neuenburg in der Gemeinde Zetel (Niedersachsen)

»Hamlet« in der Kinderversion: Spielen oder nicht spielen, das ist hier die Frage.

Hofeinfahrt in Bamberg

Die wahrscheinlich belastbarste Slipeinlage der Welt. Da kann »Always« nicht mithalten!

Slipanlage in Berlin-Kladow

Alle Jahre wieder

O du liebe Weihnachtszeit!
Ist es wirklich schon so weit?
Leert sich der Adventskalender?
Muss die Tanne in den Ständer?
Duften Plätzchen, glüht der Wein?
Dann, o Weihnacht, tritt herein!
Bring uns Freude, bring uns Sachen,
Aber bring uns auch zum Lachen!
Ein Kapitel ist noch frei
Für Klamauk und Tollerei.

»So ist es aber falsch!«, protestierte Nachbar Holtzschmitz. »Man muss es mit tz schreiben, es heißt doch schließlich *Atzventzkrantzkertzenglantz*.«

Für alle, die es an den Feiertagen so richtig krachen lassen wollen, gibt es hier die schönsten Weihnachtslieder zum Mitgrölen!

14	Aba Heidschi Bumbeidschi	3:13													0,99 € KAUFEN ▼
15	Still, still, still, weil´s Kindlein schlafen will	2:10													0,99 € KAUFEN ▼
16	Kommet, ihr Hirten	1:34													0,99 € KAUFEN ▼
17	Morgen kommt der Weihnachtsmann	1:32													0,99 € KAUFEN ▼
⊙	**O du gröhliche / Glockengeläut**	2:44													0,99 € KAUFEN ▼
⊙ Hörproben aller Titel

iTunes

Gift-Workshop

Leichlingen. Auch in diesem Jahr wird wieder der schon traditionelle Gift-Workshop „Preiswerte und originelle Weihnachtsgeschenke selbstgemacht!" angeboten.

Voranmeldung erfor; Nähere Infos und An; unter Telefon 02175/1

Termine: 24. Nov; Laubsägearbeiten n

Wo könnte ein Kurs zur Herstellung tödlicher Präsente besser stattfinden als in einem Ort namens Leichlingen?

»Wochenpost« Leichlingen (Nordrhein-Westfalen)

Christkindl-Anschießen

▓ Böllerschützen Eisenhofen feuern Salut

Erdweg (red) - Der Böllerschützenverein **Eisenhofen** bereits zur Tradition gewordene Christkindl-Anschießen of-

Nachdem es sich erneut eine Kugel eingefangen hatte (und die Rede ist nicht von Weihnachtsbaumkugeln), schwor sich das Christkindl, um Eisenhofen künftig einen großen Bogen zu machen.

»Kurier« Dachau (Bayern)

Service-Telefon für Weihnachtsbäume:

**Montag bis Freitags
von 8.00 - 19.00 Uhr:**
0221 - ▮▮▮▮▮▮

Wenn Ihnen der Ständer drückt, wenn Ihnen der Baumschmuck zu schwer wird oder wenn Sie zu nadeln beginnen: Rufen Sie uns an!

www.awbkoeln.de

für Kunden mit kleiner Ständer spitzen wir auch gern an (kostenlos)

Als Mann braucht man einen Moment, bis man begreift, dass es hier um Tannenbäume geht.

»Toom«-Baumarkt in Freital (Sachsen)

Gewürz
Speckulatius
Douceur

600g

0.66

0000000 1 / 04.12.15

Erst Speck verleiht dem Gebäck die richtige Würze!

»Penny«-Markt in Dresden-Gorbitz

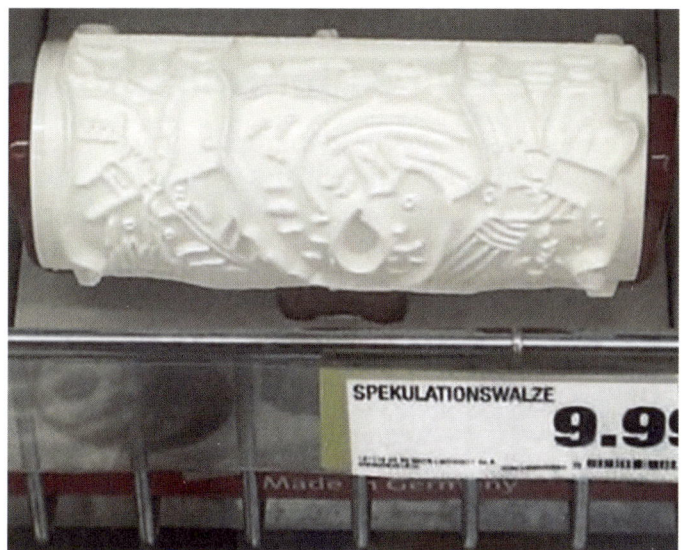

Diese Walze macht alle Erkenntnis platt und ebnet den Weg für Spekulationen wie: Gibt es den Weihnachtsmann wirklich? Wohnt er am Nordpol? Was wird er mir diesmal bringen?
»Edeka«-Center in Wunsiedel (Bayern)

So wird es ihm also gedankt!
»Kaufland«-Filiale in Göttingen

Nackt-Protest im Dom

Eine Aktivistin der Frauengruppe Femen ist während der Weihnachtsmesse im Kölner Dom mit Kardinal Meisner halb nackt auf den Altar gesprungen. Beim Zentralkomitee der Katholiken und bei den Grünen stieß die Aktion auf harte Kritik. **SEITEN 3, 7**

Jetzt droht dem Kardinal ein Diszplinarverfahren wegen Verstoßes gegen die gottesdienstliche Kleiderordnung.
»Stuttgarter Zeitung«

20 Minilichterkette
Mit 2 Ersatzhirnen(innen)

Man sollte immer eine Reserve zur Hand haben, falls einem im Oberstübchen vorzeitig die Lichter ausgehen. (Jetzt auch für Frauen.)

Hier belässt man es nicht bei guten Wünschen, sondern sorgt auch noch dafür, dass sie prompt in Erfüllung gehen!

Tankstelle bei Dresden

Bildnachweis

Der Dank gilt folgenden Personen, die ihre Genehmigung zur Veröffentlichung der Fotos gegeben oder Zeitungsausschnitte und andere Materialien zur Verfügung gestellt haben.

9	Gabriele Schneider, Wien	25 oben	Hans H. Reimer, Lübeck
10 oben	Rolf Kullmann, Wuppertal	25 Mitte	Heike Bielow-Rehfeldt,
10 unten	Jochen Frickel, Bischofsheim		Buchholz in der Nordheide
11 oben	Jörn Flaig, Erfurt	25 unten	Caren Neba, Asperg
12 oben	Gregor Klein, Bad Dürkheim	26 oben	Joachim Bernhard, Ahorn
12 unten	Michael Schulze, Kyritz	26 unten	Sabine Groll, Merseburg-
13 oben	René Kieselmann,		Beuna
	Berlin-Lichterfelde	27 oben	K. Mönig
13 unten	Daniel Hofmann, Nürnberg	27 unten	Michael Scheib, Pattensen
14 oben	Peter Brosch, Adelsdorf	29 oben	Anne Field, East Grinstead
14 unten	Anke Rauscher, Hofgeismar		(GB)
15 oben	Thyra Krause	29 unten	Gabriele Thomsen, Bad
15 unten	Gerald Langmann, Wien		Oldesloe
16 oben	Henning Sommer, Weener	30 oben	Jutta Jäger, Düsseldorf
16 unten	Rolf Schmidt, Annaberg-	30 unten	Prisca Weisenberger, Mainz
	Buchholz	31 oben	Klaus Dubben, Groß
17 oben	Jens-Peter Tesch,		Timmendorf
	Bremervörde	31 unten	Christine Doering,
17 unten	Friedrich Krohn, Löbau		Garmisch-Partenkirchen
18 oben	Heidi Grabhorn, Berne	32 oben	Dörte Selbach, Oldenburg
18 unten	Klaus Hofmann, Wiesbaden	32 unten	Antje Beyer, Altwigshagen
19 oben	Bernd Manitz, Haltern am	33 oben	Georg Großheimann, Essen
	See	33 unten	Hans-Jürgen Hüttner,
19 unten	Margarete Brunner,		Schweinfurt
	Renningen	34 oben	Dr. Annette Machlitt, Leipzig
21 oben	Lisa Mayr	34 unten	Christof Dörflinger,
21 unten	Ralf Schmeink, Lobberich		Schönaich
22 unten	Jo Gerk, Sydney (AU)	35 oben	Claudia Glöß, Dippoldis-
23 oben	Wolfgang Störzer, Bretten		walde
23 unten	Margit A. Hendricks, Bremen	37	Torsten Trenkel, Iserlohn
24 oben	Leo Saggel, Fröndenberg	38 oben	Heike Röhser, Aachen
24 unten	Oliver Schlenczek, Mainz	38 unten	Alexander Gehringer, Kehl

199

201

Auf die Plätze, fertig, Spaß!

Bastian Sick. Happy Aua.
Taschenbuch

Bastian Sick. Happy Aua 2.
Taschenbuch

Bastian Sick. Hier ist Spaß gratiniert.
Ein Happy-Aua-Buch. Taschenbuch

Bastian Sick. Wir braten Sie gern.
Ein Happy-Aua-Buch. Taschenbuch

Leseproben und mehr unter www.kiwi-verlag.de

Verschicken Sie schon oder lachen Sie noch?

Bastian Sick. Wir sind Urlaub. Das Happy-Aua-Postkartenbuch. Taschenbuch. 16 Postkarten

Bastian Sick. Zu wahr, um schön zu sein. Verdrehte Sprichwörter. Taschenbuch. 16 Postkarten

»Wir sind Urlaub« – das Beste aus »Hier ist Spaß gratiniert«, jetzt auch zum Verschicken!
Erfreuen Sie Freund und Feind mit unnachahmlichen Aussagen und Motiven zu allen möglichen Anlässen.

Jeder kennt es: Da sucht man nach der passenden Redewendung und schon sieht man vor lauter Wald die Bäume nicht. Die besten verdrehten Sprichwörter gibt es nun auf Postkarten – »Zu wahr, um schön zu sein«.

Spaß und Lernerfolg garantiert!

Bastian Sick. Wie gut ist Ihr Deutsch? Der große Test.
Taschenbuch. Verfügbar auch als eBook

Wie lautet die Mehrzahl von Oktopus? Was ist ein Pranzer? Wofür stand die Abkürzung SMS vor hundert Jahren? Und ist Brad Pitt nun der gutaussehendste, bestaussehendste oder am besten aussehende Filmstar unserer Zeit? Der große Deutschtest von Bestsellerautor Bastian Sick versammelt spannende Fragen aus dem Fundus der Irrungen und Wirrungen unseres Sprachalltags.

Jetzt schon Klassiker

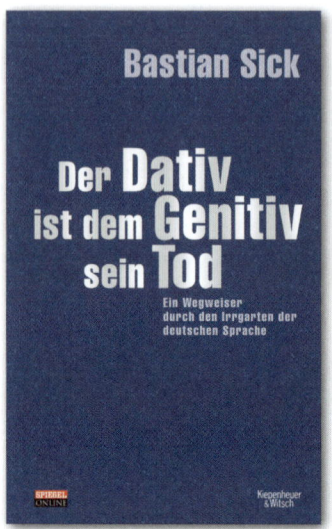

Bastian Sick. Der Dativ ist dem Genitiv sein Tod.
Gebundene Schmuckausgabe mit Lesebändchen

Bastian Sick. Der Dativ ist dem Genitiv sein Tod.
Ein Wegweiser durch den Irrgarten der deutschen
Sprache. Die Zwiebelfisch-Kolumnen. Folge 1-3 in
einem Band. Sonderausgabe. Taschenbuch

Wer hätte das geglaubt – ein Sprachführer erobert
die Bestsellerlisten! »Der Dativ ist dem Genitiv sein Tod«
ist eines der erfolgreichsten Bücher der letzten Jahre.
Jetzt gibt es die Sonderausgaben zum Verschenken,
Lesen und Nachschlagen: Folge 1 als gebundene Schmuckausgabe und Folge 1 – 3 vereint in einem Band.

Zum Lesen, Lachen und Nachschlagen

Bastian Sick. Der Dativ ist dem Genitiv sein Tod ... Folge 1. Taschenbuch. Verfügbar auch als eBook

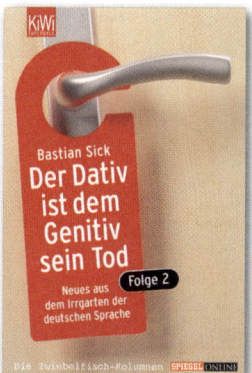

Bastian Sick. Der Dativ ist dem Genitiv sein Tod ... Folge 2. Taschenbuch. Verfügbar auch als eBook

Bastian Sick. Der Dativ ist dem Genitiv sein Tod ... Folge 3. Taschenbuch. Verfügbar auch als eBook

Bastian Sick. Der Dativ ist dem Genitiv sein Tod ... Folge 4. Taschenbuch. Verfügbar auch als eBook

Bastian Sick. Der Dativ ist dem Genitiv sein Tod ... Folge 5. Taschenbuch. Verfügbar auch als eBook

Leseproben und mehr unter www.kiwi-verlag.de

Besuchen Sie mich im Internet:
www.bastiansick.de

DER DATIV
IST DEM
GENITIV
SEIN TOD

Bastian Sick

© Till Gläser

Und auf Facebook:
www.facebook.com/bastian.sick.live